Ingo Zimmermann

Sachsens Markgrafen, Kurfürsten und Könige

Die Wettiner in der meißnisch-sächsischen Geschichte

Berliner Verlags-Anstalt
Union

ISBN 3-372-00402-7
1. Auflage, 1990

Gesamtherstellung: Th. Schäfer Druckerei GmbH, Hannover
Buchgestaltung: Gruppe »typos«, Berlin
700 403 3

Im Jahre 1089 verlieh König Heinrich IV. einem Wettiner, dem Grafen Heinrich von Eilenburg, die Mark Meißen. Von da an verband sich die Geschichte des meißnischen Landes und der benachbarten Gebiete für Jahrhunderte mit dem Fürstenhaus der Wettiner. 1423 wurde Markgraf Friedrich der Streitbare mit dem Herzogtum Sachsen und der Kurwürde belehnt. Unter den Wettinern gelangte Sachsen als Kurfürstentum zu wirtschaftlicher und kultureller Blüte. Wenig Glück hatten die sächsischen Landesherren mit ihren machtpolitischen Entscheidungen, so daß sie zwar als eines der friedlichsten deutschen Fürstengeschlechter in die Geschichte eingingen, von ihrem Herrschaftsbereich aber nur geringe politische Gestaltungskraft ausstrahlte.

Der Dresdner Schriftsteller und Historiker Ingo Zimmermann gibt einen Überblick über die an Höhen und Tiefen reiche Geschichte des alten deutschen Fürstenhauses, die von den mittelalterlichen Markgrafen über August den Starken bis zu Sachsens letztem König Friedrich August III. führt, und 1918, als in Deutschland die Throne stürzten, ihr Ende fand.

Regententafel und Regentenübersicht informieren über Lebensdaten, Regierungszeit, Ehefrauen und Kinder der sächsischen Markgrafen, Kurfürsten und Könige.

Inhalt

»Jedes Volk steht auf seiner Vorzeit, und dasjenige, welches sie kennt und ehrt, wird sich stets besser erkennen und ehren lernen. Und namentlich Deutschland braucht sich seiner Vorzeit nicht zu schämen. Zwar hat es keine weiten Eroberungen aufzuweisen, keine Entdeckungen und Kolonisierung ferner Erdteile, zwar fehlt ihm Englands hoher Gemeinsinn und Frankreichs festes Zusammenhalten. Dafür kann es sich vielfacher Entdeckungen auf dem Felde der Wissenschaft rühmen und eines reichen Kunstlebens, wie keines dieser beiden Länder, und deutsche Sitte und deutsche Biederkeit ist in der ganzen Welt bekannt. Betrachtet man seine gewerbtätigen, kunstgeschmückten Städte, seine ritterlichen Burgen, seine blühenden Residenzen, welche Fülle zahlreicher Lebensentfaltung zeigt sich da allenthalben!«

Prinz Johann, der spätere König von Sachsen, 1852 auf der Hauptversammlung der deutschen Geschichts- und Altertumsvereine in Dresden

Providentiae memor

Sachsen wurde 1806 Königreich, in jenem Jahr, in dem das Heilige Römische Reich in Dunst zerging, wie es in den »Meistersingern« heißt.

Der Herr der geschichtlichen Stunde war Napoleon. Er hatte zuerst die süddeutschen Länder Bayern und Württemberg zu Königreichen und Baden zum Großherzogtum erhoben und mit voller Souveränität ausgestattet, die ihnen nach deutschem Reichsrecht nicht zustand. Dann schloß er mit 16 deutschen Reichsfürsten den »Rheinbund«, zu dessen Fürstprimas er den bisherigen Kurfürsten von Mainz und Erzkanzler des Reiches, Reichsfreiherr Karl von Dalberg, bestimmte, während er selbst als Protektor dieses Bündnisses auftrat. Das geschah Mitte Juli 1806 in Paris. Am 1. August ließ er durch seinen Gesandten beim Reichstag in Regensburg erklären, daß er die deutsche Reichsverfassung nicht mehr anerkenne. Die Rheinbundfürsten folgten seinem Beispiel.

So sah sich Kaiser Franz II. gezwungen, am 6. August 1806 die Würde eines römisch-deutschen Kaisers niederzulegen. Er hatte aber zuvor schon seine habsburgischen Erblande in ein Kaiserreich Österreich umgewandelt, wodurch er als nunmehr österreichischer Kaiser Franz I. keine Rangeinbuße erlitt. »Gestern wurde zum ersten Mal Kaiser und Reich aus dem Kirchengebet weggelassen«, schrieb Frau Rat Goethe am 19. August bekümmert ihrem Sohn nach Weimar. »Es sind wie lauter Leichenbegängnisse — so sehen unsere Freuden aus!« Goethe hatte vom unrühmlichen Ende des Heiligen Römischen Reiches Deutscher Nation im Reisewagen gehört, sich indes weniger dafür interessiert als für einen Streit des Postkutschers.

Das Kurfürstentum Sachsen, von dem noch 1787 im Hamburger »Politischen Journal« zu lesen gewesen war, daß es »an Macht und Volksmenge verschiedenen Königreichen in Europa gleicht und nächst Österreich und Preußen der vornehmste Staat in Teutschland ist«, vermochte in dieser Zeit des Wandels keine seiner Bedeutung angemessene Rolle zu finden. Die Ratlosigkeit des Dresdner Hofes hatte ihre Ursache in der politischen Philosophie des damals sechsundfünfzigjährigen Kurfürsten. Friedrich August III., der seit 1768 regierte, war in seinen Auffassungen starr auf konservative Prinzipien festgelegt. Als politische Richtlinien galten ihm »Legitimität und Reichskonstitutionalität« (Friedrich Fritz). Seinem Land suchte er gewissenhafte Neutralität zu erhalten.

Damit hatte es im Sommer 1806 nun seine Schwierigkeiten. Nach der Gründung des Rheinbundes und der De-facto-Auflösung des alten Reiches befanden sich die norddeutschen Staaten gewissermaßen in einem Machtvakuum, das der Korse für seine Absichten zu nutzen verstand. Dem Plan eines norddeutschen Fürstenbündnisses zwischen Preußen, Sachsen und Hessen ließ Napoleon in Dresden und Kassel diplomatisch entgegenarbeiten. Mit Herzog Albert von Sachsen-Teschen, einem Onkel des Kurfürsten, und mit Graf Marcolini waren Befürworter einer sächsischen Anlehnung an Frankreich um Einfluß auf Friedrich August III. bemüht. Die preußenfreundliche Richtung am Dresdner Hof, die in dem Minister Graf Loß ihren Sprecher hatte, warnte den Kurfürsten hingegen, Sachsen in napoleonische Abhängigkeit zu bringen. Die Idee von der sächsischen Neutralität ließ sich aber angesichts der Kriegsvorbereitungen Preußens, des nördlichen Nachbarn, nicht länger durchhalten.

Friedrich August III. entschied sich für ein militärisches Zusammengehen mit Berlin, ließ aber durch den sächsischen

Gesandten in Paris den defensiven Charakter seiner Maßnahmen beteuern. An der Seite des friderizianisch verknöcherten Preußenheeres zogen die sächsischen Verbände in die Katastrophe von Jena und Auerstedt. 6000 Sachsen gerieten im Oktober 1806 in französische Gefangenschaft. »Bei Jena haben die Franzosen einem ganzen Regiment Sachsen die Zöpfe abgeschnitten«, bemerkte Arnold Ruge noch 1843 in maliziöser Erinnerung an dieses Ereignis.

Vor den gefangenen sächsischen Offizieren hielt Napoleon im Schloß von Jena eine Rede, in der er erklärte, Sachsen sei von Preußen zur Gefolgschaft gezwungen worden, weshalb Sachsen seinen eigentlichen Feind und Unterdrücker in Preußen erblicken müsse, in ihm, Napoleon, dagegen seinen Befreier. Dabei ging er — nach dem Bericht des sächsischen Augenzeugen Karl Heinrich von Einsiedel — so weit, zu behaupten, er bekämpfe Preußen nur, um die sächsische Unabhängigkeit aufrechterhalten zu sehen.

Gegen das schriftliche Versprechen, in diesem Krieg nicht mehr gegen Frankreich zu kämpfen, wurden die sächsischen Offiziere in ihre Heimat entlassen. Nicht anders klangen die Töne, die Napoleon in einem Aufruf an »die Völker Sachsens« anschlug. Er wollte Sachsen von der Seite Preußens zu sich herüberziehen.

Auch eine stärkere Persönlichkeit als Friedrich August III. hätte dem französischen Liebeswerben, das Gewalt mit Charme vereinte, auf Dauer kaum widerstanden. Der Kaiser versicherte dem Kurfürsten, keinen Groll gegen ihn zu hegen und sein Land schonend behandeln zu wollen. Nur forderte er, daß der Kurfürst im Lande bleiben und seine Truppen aus der Koalition mit Preußen lösen müsse. Widerstrebend fügte sich Friedrich August.

Sachsen, das daraufhin vom Sieger zum neutralen Land erklärt wurde, mußte es sich trotzdem gefallen lassen, von den Franzosen besetzt und verwaltet zu werden.

Am 11. Dezember 1806 erfolgte in Posen der förmliche Friedensschluß zwischen Frankreich und Sachsen. Als wichtigste Bestimmung enthielt der Vertrag den Beitritt des Kurfürsten von Sachsen zum Rheinbund und die Übernahme aller Rechte und Pflichten des Bündnisses »in gleicher Weise, als wenn er gleich anfangs bei besagtem Tractate ein integrierender Bestandteil gewesen wäre«. Das Kurfürstentum wurde zum Königreich erhoben.

Prinz Johann, der damals fünfjährige Neffe des Kurfürsten, erinnerte sich später an dieses Ereignis aus seinen Kindertagen nur dadurch, daß ein zum Herold umgestalteter Hoffourier die Proklamation des Kurfürsten über die Annahme des königlichen Titels bekanntzugeben hatte. Allzu erheblich soll die Resonanz in der Bevölkerung nicht gewesen sein. Man hatte schon früher Könige in Dresden residieren sehen, August den Starken und seinen Sohn August III. als Wahlkönige von Polen. Johanns Oheim, als erster Inhaber der neuen sächsischen Königswürde nunmehr Friedrich August I., mag persönlich über seine Standeserhöhung auch kein Triumphgefühl entwickelt haben. Jedenfalls verzichtete er auf die Anschaffung von Krönungsinsignien, und die sächsische Königskrone blieb ein heraldisches Zeichen.

Durch Reskript vom 29. Dezember 1806 gab Friedrich August I. seinem Land ein neues Wappen. Es war das alte Wappen des Herzogtums Sachsen-Wittenberg, fünf schwarze Querbalken im goldenen Feld, darüber ein Schrägbalken mit dem Rautenkranz. Oben war die Königskrone angebracht. Um das Wappen wurde der königliche hermelingefütterte Purpurmantel gelegt. Unten fügte man den wettinischen »Hausorden der Rautenkrone« an, der auf grünem Band die Ordensdevise trug: Providentiae memor — der Vorsehung eingedenk. Die Ordensdevise wurde der Wahlspruch des neuen Königshauses.

Der Vorsehung hatte der streng religiöse Monarch gewiß allen Grund dankbar zu sein. Aus mangelnder politischer Weitsicht war er in ein militärisches Abenteuer gestolpert, das seinem Land die staatliche Existenz hätte kosten können. Es wäre Napoleon, wenn er gewollt hätte, nicht schwergefallen, Sachsen von der politischen Landkarte zu tilgen. Die Vorsehung aber, als deren ausführenden Arm man freilich den General der Revolution hinnehmen mußte, spielte dem besiegten Land und seinem entschlußlosen Fürsten in der Stunde der Demütigung den Glanz des königlichen Namens zu.

Providentiae memor — in diesem Wahlspruch lag aber auch das Wissen um die an Höhen und Tiefen reiche Geschichte des alten Fürstenhauses der Wettiner. Und gänzlich ohne diese Geschichte kommt man nicht aus, wenn man über das neue Königshaus zu einem gerechten Urteil gelangen will.

Konrad der Große, Markgraf von Meißen
(rechts) mit König Heinrich I.

Otto der Reiche, Markgraf von Meißen

Heinrich der Erlauchte, Markgraf von Meißen

Friedrich I., der Freidige, Markgraf von Meißen

Friedrich I., der Streitbare, Herzog und Kurfürst von Sachsen

Albrecht der Beherzte, Herzog von Sachsen

Friedrich III., der Weise, Kurfürst von Sachsen

Johann der Beständige, Kurfürst von Sachsen

Johann Friedrich der Großmütige, Kurfürst von Sachsen

Georg der Bärtige, Herzog von Sachsen

Moritz, Kurfürst von Sachsen

August (Vater August), Kurfürst von Sachsen

Christian I., Kurfürst von Sachsen

Johann Georg I., Kurfürst von Sachsen

Friedrich August I., der Starke, Kurfürst von Sachsen,
als August II. König von Polen

Friedrich August II., Kurfürst von Sachsen,
als August III. König von Polen

Friedrich Christian, Kurfürst von Sachsen

Friedrich August I., der Gerechte, König von Sachsen,
als Friedrich August III. Kurfürst von Sachsen

Anton der Gütige, König von Sachsen

Friedrich August II., König von Sachsen

Johann, König von Sachsen

Albert, König von Sachsen

Georg, König von Sachsen

Friedrich August III., König von Sachsen

Die Markgrafen

Die Burg Wettin

Als Wilhelm Walther in den siebziger Jahren des 19. Jahrhunderts den »Fürstenzug« an der Nordwand des Stallhofgebäudes in Dresden schuf, das 957 m^2 große Wandbild aller regierenden Fürsten des meißnisch-sächsischen Herrscherhauses, ließ er seine Darstellung mit Markgraf Konrad dem Großen (1127–1156) beginnen. Man dachte um 1871 offensichtlich noch nicht an die dann wenige Jahre später prunkvoll begangene 800-Jahr-Feier der ersten Belehnung eines Wettiners mit der Mark Meißen. Daß Sachsens Königshaus, das sich durch die preußisch-deutsche Reichsgründung gegenüber den Hohenzollern zurückgesetzt fühlen mußte, sich 1889 als die älteste regierende Dynastie Deutschlands präsentieren konnte, war einem findigen Staatsarchivar zu danken. Er fand als Datum der ersten Belehnung eines Markgrafen aus dem Hause Wettin das Jahr 1089 heraus. Im Februar jenes Jahres hatte König Heinrich IV. die Markgrafschaft Meißen dem ungetreuen Markgrafen Ekbert entzogen und sie dem Grafen Heinrich von Eilenburg übertragen, der bereits Markgraf der Ostmark (Niederlausitz) war. Von der Vasallentreue dieses Angehörigen eines bereits namhaften Grafengeschlechts, das sein familiäres Zentrum in der Burg Wettin am Ostufer der Saale besaß, erwartete der König die Sicherung der östlichen Grenzmark des Ottonenreiches.

Die Burg Wettin findet als »Vitin« schon 961 Erwähnung. In den Besitz des Reichsaristokratengeschlechts, das sich dann nach ihr nannte, ist die Burg wahrscheinlich am Anfang des 11. Jahrhunderts gekommen. Als ältester bezeugter Ahnherr der Wettiner gilt ein Graf Friedrich im Harzgau um 875/880. Damit reichen die geschichtlichen Spuren des Geschlechts bis ins 9. Jahrhundert zurück. Wie andere führende Adelsgeschlechter, die Askanier, Welfen, Babenberger, Wittelsbacher, Staufer, Hohenzollern oder Habsburger, sind die Wettiner durch ihre Leistungen beim Aufbau eines großen Territoriums mit der deutschen Geschichte eines Jahrtausends verbunden. Ihr Aufstieg erfolgte im Zuge der mittelalterlichen deutschen Ostexpansion. Das politische Gewicht der sich erst festigenden wettinischen Herrschaft im Gebiet zwischen Saale und Elbe war anfangs gewiß nicht bedeutend. Von Burgen und gesicherten Stützpunkten aus wurde der von slawischen Stämmen relativ dünn besiedelte Raum militärisch unter Kontrolle gehalten. Die alte Reichsburg Meißen, 929 von König Heinrich I. gegründet, wurde zur neuen Stammburg der Wettiner, die ihre Aufgabe im Landesausbau und in der Schaffung eines flächenhaften staatlichen Gebildes unter ihrer Herrschaft fanden.

Markgraf Heinrich I., der Eilenburger, hinterließ bei seinem Tod 1103 einen unmündigen Erben, für den die Markgrafschaft vormundschaftlich verwaltet werden mußte. Dieser Heinrich II. ist bald nach seiner Mündigkeit ohne Nachkommen gestorben. Das Erbrecht von Reichslehen in gerader Linie war zwar schon anerkannt, nicht aber in ungerader Linie. Ein Vetter Heinrichs I., der sich Konrad von Wettin nannte, erhob zunächst vergeblich Anspruch auf die Mark Meißen. Kaiser Heinrich V. verlieh sie als erledigtes Reichslehen an Wiprecht von Groitzsch. Erst der Beistand des Sachsenherzogs Lothar von Supplinburg, der 1125 als Lothar III. den deutschen Königsthron bestieg, und der Tod seines Widersachers Wiprecht von Groitzsch machten es Konrad möglich, in den reichsrechtlichen Besitz der Markgrafschaft zu gelangen. 1136 belehnte ihn Lothar auch mit der Lausitz. Konrad, dem die höfische Geschichtsschreibung den Beinamen »der Große« zulegte, wurde zum Begründer einer ununterbrochenen wettinischen Herrschaftsfolge im Mannesstamm bis zum Ende der Monarchie im Jahre 1918. Konrad verstand sich als sächsischer Fürst, »durch Gottes Gnade unter den Fürsten Sachsens alleiniger Besitzer und Schützer der meißnischen Mark«, wie er sich 1142 in einem Schreiben an den Papst bezeichnete. Für seinen frommen Sinn legte er nicht nur durch eine Pilgerfahrt nach Jerusalem Zeugnis ab, sondern auch durch seinen Entschluß, in seinem sechsten Lebensjahrzehnt auf die Macht zu verzichten und das geistliche Gewand zu nehmen. 1156 entäußerte er sich im Meißner Dom seiner Wehr und zog sich in das Petersstift auf dem Lauterberg bei Halle zurück, dem schon zuvor seine Zuneigung gehörte. Dort bei den Augustiner Chorherren ist er im Jahr darauf gestorben.

Unter Konrad von Wettin gewann der Landesausbau im meißnischen Territorium seine frühen Formen. Einwanderer aus Ober- und Niederdeutschland – Franken, Schwaben, Flamen – zogen in die ungerodeten Waldungen, machten in harter Mühe den Boden urbar und kultivierten das Land. Die alteingesessene sorbische Bevölkerung wurde kaum verdrängt, weil ausreichend unerschlossener bäuerlicher Siedlungsraum vorhanden war. Deutsche und Sorben lebten nebeneinander und miteinander und haben sich vermischt, wobei freilich der slawische Bevölkerungsteil, mit Ausnahme der Lausitzer Sorben, seine kulturelle Identität verlor. Der den Sachsen später nachgerühmte friedfertige Volkscharakter könnte immerhin in diesem überwiegend friedlichen Prozeß der deutschen Kolonisierung slawischen Landes eine seiner Wurzeln haben. Die deutschen Siedler erhielten unter wettinischer Landesherrschaft persönliche Freiheit und erbliche Besitzrechte an Hof und Flur. Hier wurde ein freier Bauernstand begründet, der auch in späteren Jahrhunderten von bäuerlicher Leibeigenschaft verschont geblieben ist.

Silber aus dem Berg

Als Markgraf Konrad 1156 den weltlichen Geschäften entsagte und seinen Herrschaftsbesitz unter seine Söhne aufteilte, fiel die Mark Meißen dem ältesten Sohn Otto zu. Unter der Regierung Ottos brachen die unsichtbaren Reichtümer, die bis dahin unter der Erdoberfläche verborgen lagen, vor den Augen der wundergläubigen Zeitzeugen hervor.

Nach alter erzgebirgischer Bergmannsage sollen Fuhrleute Salz aus Halle an der Saale geholt haben, um es in Böhmen zu verkaufen. Als sie ins meißnisch-böhmische Grenzgebiet kamen, in die Gegend, wo später Freiberg entstand, bemerkten sie ein Geschiebe von gediegenem Bleierz, das vom Wasser bloßgelegt worden war. Da ihnen dieses Bleierz dem goslarischen Erz ähnlich schien, nahmen sie eine Probe an sich und brachten sie nach Goslar. Dort fand man, daß dieses Erz an Silber weitaus reicher als der Goslarische Glanz- und Bleischweif war. Daraufhin habe sich eine Anzahl von Bergleuten aufgemacht, um sich von den Fuhrleuten den Fundort zeigen zu lassen. Tatsächlich waren Bergleute aus der Harzgegend im Erzgebirge Wegbereiter des Silberbergbaus. In der Gegend, wo sie zu schürfen begannen, hatte Otto dem Kloster Altzella Boden geschenkt. Das Kloster der Zisterzienser war nämlich vom Markgrafen dazu ausersehen, die neue Begräbnisstätte der Wettiner in seinen Mauern aufzunehmen. Der um 1168 beginnende Bergbau veranlaßte Otto, seine Bodenschenkung an Altzella zurückzunehmen und das Kloster anderswo zu entschädigen. Beim Fundort ließ er einen Herrenhof anlegen.

Der Markgraf war Inhaber des Bergregals, also Herr über alle Bodenschätze seines Landes. Er gewährte den bald zahlreich zuwandernden Bergleuten Bergfreiheit. Keine feudale grundherrliche Zwischengewalt sollte die Entwicklung des bergmännischen Gewerbes hemmen. Otto erklärte den Bergbau für unabhängig von Grundbesitz und die Bergleute zu freien Eigenlehnern. Sie erhielten gegen die Verpflichtung zur Abgabe des zehnten Teils alles geförderten Edel- und Buntmetallerzes Schürfrecht auf dem Boden des Landesherrn. Das machte die Tätigkeit der ersten markgräflichen Verwaltungsbeamten zur Erhebung des Bergzehnten erforderlich. Der Landesherr selbst blieb gleichsam der Direktor des entstehenden Berg- und Hüttenwesens. Als »Direktionsprinzip« bezeichnete man dann später auch dieses landesfürstliche System der Aufsicht über den meißnisch-sächsischen Bergbau. Kein regierendes Haus in Deutschland blieb auf diese Weise so eng wie die Wettiner mit der materiellen Produktion verbunden. Die Vorstellung des Fürsten, erster und oberster Bergmann des Landes zu sein, spielte in der höfischen Reputation in Sachsen über Jahrhunderte eine besondere Rolle.

Der Erzbergbau wurde zur treibenden Kraft bei der Besiedlung und Kultivierung des Gebirges. Städte mit selbstbewußtem Bürgertum blühten in der neuen Montanregion auf, deren Ruf weithin erscholl. Hier wurde das Bürgertum von Anfang an zum Träger der sozial-kulturellen Entwicklung, und dieser Umstand hat auf die staatlichen Verhältnisse im späteren Sachsen progressiv gewirkt.

Um 1180 entstand die Stadt Freiberg. Georgius Agricola wußte (1555) über die Entstehung: »Und hatt dieser ortt, weilen doselbst eine statt erbauet, den Namen Freiberg, gleich als ein freihes Bergwerg, bekommen.« Ein bergmännisches Unternehmertum entwickelte sich, aus dem der Rat hervorging. Freibergs Ratsverfassung ist schon früh bezeugt. Das Freiberger Bergrecht übte auf andere Bergbauregionen Europas eine Vorbildwirkung aus.

Ein halbes Jahrhundert nach der Gründung Freibergs durch Markgraf Otto, der den Beinamen » der Reiche « bekam, entstand um 1230 die Goldene Pforte des Freiberger Domes, ein erstaunliches Zeugnis großartiger Portalarchitektur, das im Rhythmus seiner neun sich verjüngenden Bogenstellungen und in seinem quellenden Figurenreichtum französische Einflüsse erkennen läßt. Dem materiellen Reichtum aus dem Silberbergbau folgte rasch ein erhöhter Lebensausdruck in der Kultur.

Ein fürstlicher Minnesänger

In Justinus Kerners bekanntem Gedicht » Der reichste Fürst «, das 1818 im » Morgenblatt für gebildete Stände « erschien und als politische Idylle von Fürsteneintracht und friedlichem Wettstreit deutscher Länder im ungeteilten deutschen Reich zu verstehen ist, in einer Zeit, in der es kein einiges deutsches Reich gab, lautete der auf Sachsen bezugnehmende Vers :

» Herrlich «, sprach der Fürst von Sachsen,
» Ist mein Land und seine Macht,
Silber hegen seine Berge
Wohl in manchem tiefen Schacht. «

» Der reichste Fürst « ist zum Lobpreis der Treue und Verläßlichkeit der schwäbischen Landsleute Kerners verfaßt, reflektiert in dem zitierten Vers aber den durch Jahrhunderte weitergesagten legendären Reichtum der Wettiner. Die hohen Bergbaueinkünfte füllten die Kassen der Markgrafen, und diese haben mit ihrem Reichtum zu wirtschaften verstanden. Ottos des Reichen Sohn

Dietrich, der seinem Bruder Albrecht in der Regierung der Markgrafschaft folgte, stützte sich in seinem Bestreben, die Verwaltung seines Landes auszubauen und zu straffen, vorrangig auf die wehrhaften Städte, deren Entwicklung er förderte. Leipzig war als erste Stadtanlage mit bürgerlichem Charakter bereits um 1165 entstanden. Als Gründungen städtisch-bürgerlicher Art im beginnenden 13. Jahrhundert oder wenig später sind zu nennen: Zwickau, Borna, Grimma, Oschatz, Großenhain, Dippoldiswalde, als Marktorte Rochlitz und Groitzsch sowie Pirna. Handwerk und Handel nahmen am wirtschaftlichen Aufschwung maßgeblich teil, und aus Märkten entwickelten sich Messen (Leipzig).

Das meißnische Territorium trat nunmehr auch kulturell an die Seite der älteren deutschen Reichsgebiete. Markgraf Heinrich der Erlauchte, der fürstliche Minnesänger, repräsentiert diese Entwicklung durch seinen entschiedenen Kulturwillen. Sein Beiname, lateinisch »illustris«, ist zeitgenössischen Ursprungs. Heinrich war der Enkel Ottos des Reichen, aber auch des Thüringer Landgrafen Hermann. Als sein Vater Dietrich nach dem Tod Ottos des Reichen in Bedrängnis durch seinen Bruder Albrecht geriet, suchte er in Thüringen Zuflucht und nahm Jutta, die Tochter des Landgrafen, der nicht gerade Schönheit nachgesagt wird, zur Frau. Um 1215/16 wurde Heinrich geboren. Daß er am Hof Landgraf Hermanns erzogen worden ist, mag sich mit daraus ergeben, daß die aus dem 13. Jahrhundert stammende Spruchdichtung vom »Sängerkrieg auf der Wartburg«, namentlich ihr erster Teil, zu Ehren der beiden Enkel des Landgrafen, Heinrichs des Erlauchten und Hermanns I. von Henneberg, verfaßt wurde. Minnesänger waren bei Landgraf Hermann auf der Wartburg willkommene Hausgenossen.

Heinrich, der 1225 mit Constanze von Österreich, der Tochter Herzog Leopolds, verlobt wurde, kann auch am Hofe der Babenberger in Wien Anregungen zum Minnesang aufgenommen haben. Der junge Wettiner hat sich dann selbst in dieser Kunst geübt. Sechs seiner Minnedichtungen überliefert die Heidelberger Liederhandschrift, die sogenannte Manessehandschrift, die auch eine farbige Darstellung des dichtenden Meißner Markgrafen enthält; sie zeigt ihn mit seinem Gefolge auf der Falkenjagd, unter seinem Wappen, dem schwarzen Löwen auf Goldgrund. Die hohe Zeit des Minnesangs war freilich schon vorüber, als Heinrich der Erlauchte seine Minnelieder anstimmte. Aber Heinrichs Lieder zeigen, daß er mit bedeutenden Vorbildern vertraut war, immerhin hatte ein Walther von der Vogelweide einmal im Dienst seines Vaters Markgraf Dietrich gestanden. Es gibt ein lyrisches Lob Walthers auf die unübertreffliche Treue des Meißners, aber auch eine gedichtete Mahnung an Markgraf Dietrich, den geleisteten Dienst nicht unvergolten zu lassen.

Heinrich der Erlauchte trat ferner als geistlicher Komponist hervor, und in den Kirchen seines Landes durfte mit päpstlicher Erlaubnis ein Kyrie und ein Gloria aus der Feder des Landesherrn in den Gottesdiensten erklingen. Der Nachfolger Petri in Rom hatte sich vom frommen Wohlklang der Vertonungen überzeugt.

Wo Heinrich Hof hielt, lösten ritterliche Vergnügungen einander ab, Turniere, Jagden und Sangesdarbietungen. Bei einem Turnier in Nordhausen im Jahr 1263 war ein wunderbarer Garten für die Teilnehmer angelegt worden. Die siegreichen Ritter empfingen silberne und goldene Blätter, die ein Baum als Kampfpreise trug. Der Ruhm dieses kunstsinnigen und freigebigen Fürsten, der sich mit dem Ruf seines Reichtums paarte, erscholl weit durch die Lande.

In die Regierungszeit Heinrichs des Erlauchten fiel ein herausragendes Ereignis für die Geschichte des wettinischen Fürstenhauses. 1247 starb das thüringische Landgrafengeschlecht der Ludowinger aus. Der Markgraf von Meißen machte seine mütterlichen Erbansprüche auf Thüringen geltend. Zunächst hatte es eher den Anschein gehabt, als bahnte sich eine ludowingische Gesamtherrschaft über beide Territorien an. Als der Meißner Markgraf Dietrich 1221 starb, war sein Erbe Heinrich noch ein unmündiges Kind. Die vormundschaftliche Regierung der Mark Meißen übernahm Heinrichs thüringischer Oheim Landgraf Ludwig, der Gemahl der heiligen Elisabeth. Dieser ließ sich 1226 die kaiserliche Eventualbelehnung für die Mark Meißen erteilen, für den Fall, daß der junge Heinrich stürbe. Aber Landgraf Ludwig fand selbst auf dem Kreuzzug den Tod. 1230 wurde Heinrich mündig gesprochen und übernahm die markgräfliche Herrschaft. 1243 erlangte er seinerseits vom Kaiser die Eventualbelehnung mit der Landgrafschaft Thüringen und der Pfalzgrafschaft Sachsen, falls die Landgrafenlinie erlöschen sollte. Mit dem Tod Heinrich Raspes, der 1247 ohne Erben starb, trat dieser Fall dann ein. Seinen thüringischen Erbanspruch hat Heinrich der Erlauchte in langen Kämpfen, die sich bis 1264 hinzogen, durchsetzen müssen. Ein erster Erfolg in diesem zähen Ringen war ihm 1249 beschieden, als ihm im Weißenfelser Vertrag eine Verständigung mit thüringischen Grafen und Herren gelang.

Vier Reichsfürstentümer waren schließlich unter dem Wettiner Heinrich dem Erlauchten vereint: die Markgrafschaft Meißen, die Ostmark (Niederlausitz), die Landgrafschaft Thüringen und die Pfalz Sachsen nördlich der unteren Unstrut, in der die Kaiserburg mit dem Kyffhäuser lag.

Der erreichten Machtstellung entsprachen die Eheschließungen. Nach dem Tod seiner ersten Gemahlin Constanze von Österreich freite der Erlauchte die böhmische Königstochter Agnes. Noch glänzender war die eheliche Verbindung von Heinrichs ältestem Sohn Albrecht. Dieser vermählte sich 1255 mit der Stauferprinzessin Margarete, einer Tochter Kaiser Friedrichs II. und Isabellas von England. Die Wettiner hatten den Aufstieg in den höchsten Kreis der Herrscherfamilien Europas erreicht.

1263 teilte Heinrich seinen Herrschaftsbesitz auf. Er selbst behielt die Mark Meißen und die Ostmark. Sein Sohn Albrecht wurde Landgraf von Thüringen und Pfalzgraf von Sachsen. Für den jüngeren Sohn Dietrich schuf Heinrich die Mark Landsberg, die er aus dem Westteil der alten Ostmark und Teilen der Mark Meißen mit der bei Halle gelegenen Burg Landsberg als Mittelpunkt bildete. Diese Herrschaftsteilung wirkte territorialpolitisch zum Nachteil für die Wettiner, weil sie räumliche Uneinheitlichkeit und Erbzwistigkeiten hervorbrachte.

In seinen späten Lebensjahren hielt sich Heinrich der Erlauchte mit Vorliebe in Dresden auf. Die Stadt, die unter seinem Vater Dietrich am Anfang des 13. Jahrhunderts erstmalig urkundliche Erwähnung fand, stand bei Heinrich in besonderer Gunst. Aus dem Heiratsgut seiner Gemahlin Constanze gelangte schon 1234 »ein merklich schön Partikel vom Heiligen Kreuz Christi« an die Dresdner Nicolaikirche. Diese Kreuzesreliquie wurde in einer eigens angebauten Kreuzkapelle aufbewahrt. So erhielt die Kirche später den Namen Kreuzkirche. Daß Markgraf Heinrich, der im Februar 1288 starb und es auf eine Regierungszeit von 58 Jahren brachte, in seinem Alter die Stadt an der steinernen Elbbrücke als Aufenthaltsort bevorzugte, wirkt wie ein Omen für Dresdens künftige Bedeutung. Heinrich, der Minnesänger und Förderer der Künste, wählte Dresden als erster Wettiner zur Residenz.

Gerettete Landesherrschaft

Um die Wende vom 13. und 14. Jahrhundert hatte die wettinische Landesherrschaft eine ernste Krise zu bestehen. Als Rettergestalt gilt der vaterländischen sächsischen Geschichtsschreibung seit jeher Markgraf Friedrich I., genannt der Freidige, was soviel bedeutet wie der frisch Draufgehende, Mutvolle, Kühne. Er trägt noch einen anderen Beinamen, nämlich der Gebissene oder mit der gebissenen Wange. Dazu war er auf folgende Weise gekommen: Sein Vater, der Thüringer Landgraf Albrecht, der älteste Sohn Heinrichs des Erlauchten, entbrannte in Liebe zu dem Edelfräulein Kunigunde von Eisenberg. Landgräfin Margarete, die sich stolz Imperatrix, Kaisertochter, nannte, verfließ daraufhin 1270 den treulosen Gemahl. Bei ihrer Flucht von der Wartburg soll sie von ihrem geliebten Sohn Friedrich so erregt Abschied genommen haben, daß sie ihn in die Wange biß. Die Imperatrix wandte sich nach Frankfurt, wo sie mit kaiserlichen Ehren aufgenommen wurde, aber schon am 8. August 1270 starb.

Die Zerwürfnisse im Landgrafenhaus brachten Friedrich um den kühnsten Traum seines Lebens, den Traum von einer Erneuerung des staufischen Kaisergedankens durch ihn, den Namensträger und Enkel des zweiten Friedrich auf dem Thron des Reiches.

Als mit der Hinrichtung Konradins von Hohenstaufen im Jahr 1268 die Dynastie erloschen war, richteten sich die Hoffnungen der Stauferpartei in Italien, der Ghibellinen, auf Margaretes zweitgeborenen Sohn. Nach seinem älteren Bruder Heinrich, dem die heimische Erbfolge vorbehalten blieb, war der im Jahr 1257 geborene Friedrich offenbar der von einer ghibellinischen Prophetie des Abtes Joachim von Kalabrien gemeinte Hoffnungsträger.

Seine Mutter förderte den weitreichenden Anspruch. Eine italienische Gesandtschaft unter der Führung eines Grafen Ubertino de Lando erschien. Aber es regten sich auch die alten Widersacher auf guelfischer Seite. Das Papsttum unter Gregor X. war zum Kampf gegen eine Stauferrenaissance entschlossen. Dem jungen Friedrich blieb aus dieser Episode nur der legendäre Nachglanz der Kyffhäusersage, deren Erwartung einer Wiederkehr Kaiser Friedrichs ihm galt.

Friedrich heiratete im Jahr 1286 Agnes, eine Tochter des Grafen Meinhard von Görz und Tirol, seit 1286 auch von Kärnten. Die Hochzeit wurde in Wien gefeiert. Nachdem Friedrichs älterer Bruder Heinrich seit Anfang der achtziger Jahre des 13. Jahrhunderts verschollen blieb, lagen die wettinischen Erbansprüche bei ihm, dem Zweitgeborenen, und seinem jüngeren Bruder Diezmann. Ihr Vater Albrecht, dem es an guter Veranlagung zum Herrscher keineswegs gemangelt haben soll, gefährdete indes durch leichtfertigen Lebenswandel, von materiellen Interessen fehlgeleitete Handlungen und offenbare Geringschätzung des Rechts die landesfürstliche Familienpolitik. Degener, der Entartete, wurde er genannt.

Der Tod Markgraf Heinrichs des Erlauchten im Februar 1288 stürzte das Haus in Erbwirren. Albrecht der Entartete und Friedrich Tuta, der Sohn Dietrichs von Landsberg, erhielten zunächst gemeinsam die Mark Meißen. Diezmann wurde Markgraf der Lausitz. Friedrich der Gebissene mußte sich mit dem Versprechen begnügen, Mitregent seines Vaters in Thüringen zu werden, ein Versprechen, das Albrecht nicht hielt. Der Landgraf verkaufte seinen Anteil an der Mark Meißen an Friedrich Tuta. Als dieser am 16. August 1291 kinderlos starb, drohte den Wettinern der Verlust der Mark Meißen. Sie wurde als heimgefallenes Lehen des Reiches angesehen.

Mit der Königswahl Rudolf von Habsburgs, eines Schweizer Grafen aus schwäbischem Rittergeschlecht, endete 1273 das Interregnum, die fast zwanzigjährige Zeit ohne zentrale Reichsgewalt. Der neue Herrscher mußte vor allem bestrebt sein, eine eigene Hausmacht aufzubauen, um seine Stellung zu behaupten. Das ist ihm 1278 nach seinem Sieg über Ottokar von Böhmen in der größten Ritterschlacht des Mittelalters bei Dürnkrut auch gelungen: Rudolf gewann Österreich und die Steiermark für das Haus Habsburg.

Die Stärkung der Zentralmacht gegenüber fürstlichen Partikulargewalten blieb König Rudolfs Ziel. Die Schwäche der wettinischen Landesherrschaft in Thüringen und in den meißnisch-obersächsischen Gebieten bot ihm willkommenen Anlaß, im Reichsinteresse tätig zu werden. Über zehn Monate hielt sich Rudolf 1289/90 im thüringischen Erfurt auf, um das Unwesen des Raubrittertums zu bekämpfen. Er ließ in dieser Zeit 66 Befestigungsanlagen zerstören. Die gefangenen Raubritter wurden unter seinem persönlichen Vorsitz zum Tode verurteilt und hingerichtet. Der König war »in Thüringen, des Reiches edlen Garten«, wie er es nannte, Schirmer des Rechts und Inhaber der Reichsgewalt. Das Pleißenland, das bei der Vermählung Albrechts mit Margarete als Pfand für die Mitgift der Braut unter wettinische Herrschaft gekommen war, nahm er nunmehr für das Reich zurück.

Bis zu seinem Tod 1291 vermochte es König Rudolf indes nicht, die habsburgische Erbfolge auf dem Thron des Reiches zu sichern. Graf Adolf von Nassau, der 1292 in Frankfurt am Main zum deutschen König gewählt wurde, besaß nichts außer der unbedeutenden mittelrheinischen Grafschaft Nassau, die ihm aber nur zur Hälfte gehörte. Auch er mußte nach einem Territorium Ausschau halten, in dem er eine Hausmacht begründen konnte. 1292 zog er die Mark Meißen und das Osterland, das Gebiet südlich von Leipzig, als erledigte Reichslehen ein. Albrecht verkaufte ihm 1293 die Landgrafschaft Thüringen. Die wettinischen Lande schienen dem Stammhaus zu entgleiten und einer neuen deutschen Zentralgewalt zuzufallen.

Friedrich der Freidige und sein Bruder Diezmann kämpften lange und erbittert um ihr Land. Zeitweilig sind sie dabei zu landlosen Flüchtlingen geworden. Nachdem Adolf von Nassau am 2. Juli 1298 in der Schlacht bei Göllheim in der Pfalz gefallen war, setzte der neue König Albrecht von Habsburg den Kampf mit den Wettinern fort. Die Wende kam erst 1307. In der Schlacht bei Lucka Ende Mai 1307 besiegten Friedrich und Diezmann die habsburgische Streitmacht unter dem Truchseß Heinrich von Nortenberg. Ein Jahr darauf, am 1. Mai 1308, fiel König Albrecht in der Nähe der Burg Baden im Aargau einem Mordanschlag seines Neffen Johann zum Opfer. Es ist jener Johann Parricida (Verwandtenmörder), den Schiller im 5. Aufzug seines Schauspiels »Wilhelm Tell« auftreten läßt und den der Schweizer Volksheld zum Bußgang nach Rom an St. Peters Stuhl verweist.

Den Wettinern kamen bei der Wiederherstellung ihrer Landesherrschaft also auch Umstände zugute, auf die sie keinen Einfluß hatten.

Diezmann starb schon am 10. Dezember 1307 und hinterließ Friedrich allein das Land. Albrecht der Entartete verzichtete auf seine landgräfliche Würde zu Gunsten seines erfolggekrönten Sohnes. Der neue König Heinrich VII. schloß im Dezember 1310 mit den Wettinern Frieden und belehnte sie erneut mit Thüringen und Meißen. Damit gab die Zentralmacht die Ansprüche des Reiches auf den thüringisch-meißnischen Raum auf.

Die Staatsentwicklung in Deutschland hat sich in den gescheiterten Versuchen entschieden, die Stellung der Zentralmacht gegenüber fürstlicher Landesherrschaft dauernd zu befestigen.

Das deutsche Königtum, das keinen territorialen Rückhalt einer Hausmacht in der Mitte des Reiches finden konnte, blieb Wahlkönigtum. Eine Kontinuität durch Erbfolge kam dadurch nicht zustande. Im historischen Prozeß der sich dezentralisierenden Machtverhältnisse zentralisierten sich in den einzelnen Territorien des Reichsverbandes fürstliche Staatswesen. Das deutsche Reich entwickelte sich nicht zum Nationalstaat, sondern zur Fürstenrepublik. Das hatte zur Folge, daß sich eine regional und später auch konfessionell gefärbte kulturelle Vielfalt herausbildete. In Deutschland entwickelte sich eine föderalistische Staatsstruktur.

Über Friedrich den Freidigen, der seinem Hause die Landesherrschaft in zähem Ringen tatenfreudig zurückgewann, bleibt noch zu berichten, daß er im Mai 1321 einen Schlaganfall erlitt, der zur Lähmung führte. Er hatte am Tage der Ablaßfeier der Predigermönche im Tiergarten bei Eisenach einem geistlichen Schauspiel beigewohnt, das Gottes Gericht über die törichten Jungfrauen zeigte. Als der Markgraf dabei die törichten Jungfrauen vergebens die Fürbitte der Heiligen anrufen hörte, soll er in große Erregung geraten sein. Was denn Christentum und gute Werke noch nützten, wenn selbst die Heiligen nicht helfen könnten, und womit denn sonst noch Gnade zu erlangen sei, habe er außer sich gefragt. Als Folge dieser Gemütsaufwallung habe ihn der Schlag getroffen. Friedrich der Freidige erholte sich nicht wieder und starb nach zweijährigem Siechtum 1323 in Eisenach.

Die Kurfürsten

Sächsische Kurwürde

Der Sohn Friedrichs des Freidigen, Friedrich II. (der Ernsthafte), heiratete 1329 die Kaisertochter Mathilde. Beim Tod seines Schwiegervaters Kaiser Ludwig IV., des Bayern, im Jahre 1347 lag für Friedrich II. die Bewerbung um die Reichskrone nahe. Aber er hätte gegen Karl von Luxemburg antreten müssen, der bereits 1346 zum Gegenkönig ausgerufen worden war und inzwischen auch den böhmischen Königsthron bestiegen hatte. Mit diesem mächtigen Nachbarn sich anzulegen schien dem Meißner Markgrafen wohl zu riskant. Seine Erbfolge bei der zielstrebigen Befestigung des wettinischen Staatswesens aufs Spiel zu setzen, konnte sich Friedrich der Ernsthafte nicht entschließen. War es ihm doch gerade erst gelungen, in der thüringischen Grafenfehde die Häuser Schwarzburg und Weimar-Orlamünde der wettinischen Herrschaft über Thüringen zu unterwerfen.

Nacheinander regierten fünf Wettiner mit dem Namen Friedrich. Der Dritte, genannt der Strenge, erlangte 1350 von Kaiser Karl IV., dem Luxemburger, für sich und seine drei jüngeren Brüder die Belehnung mit allen wettinischen Landen »zu gesamter Hand«. Fortan durften von den Wettinern sämtliche Titel und Wappen ihres Hauses gemeinsam geführt werden. Unter Friedrich IV., dem Streitbaren, sollte dem Haus Wettin die politische Sternstunde seiner Geschichte heraufziehen. Der Markgraf hatte sich die besondere Gunst König Sigmunds durch seine Teilnahme am Kampf gegen die Hussiten im benachbarten Böhmen erworben, die nach der Verbrennung von Jan Hus 1414 auf dem Konzil zu Konstanz zur revolutionären Bewegung geworden waren. Als 1422 die Linie der Askanier im Herzogtum Sachsen-Wittenberg ausstarb (die askanische Linie Sachsen-Lauenburg bestand noch bis 1689), stellte der König dem Meißner Markgrafen am 6. Januar 1423 die Urkunde über die Belehnung mit dem erledigten Herzogtum aus. Am 1. August 1425 erhielt Friedrich der Streitbare zu Ofen als königlicher Lehensträger »Kur und Herzogtum Sachsen, das Erzmarschallamt, die Pfalz Sachsen, die Grafschaft Brehna und das Burggraftum Magdeburg«. Der Landesname der neuen Herrschaft, des Herzogtums Sachsen, wanderte elbaufwärts und wurde nach und nach für das gesamte wettinische Gebiet gebräuchlich. Das Rautenwappen des Herzogtums und die Kurschwerter als Zeichen der Erzmarschallwürde des Heiligen Römischen Reiches zeigten den Eintritt der Wettiner in den obersten Senat des Reiches, den Kreis der sieben Kurfürsten, an.

Nach dem von Kaiser Karl IV. auf den Reichstagen von Nürnberg und Metz im Jahr 1356 erlassenen Reichsgesetz über die Königswahl und die Kurfürstenrechte – »Goldene Bulle« genannt, weil eine Kapsel aus Goldblech zur Besiegelung verwendet wurde – gab es sieben Wähler des Römischen Königs. Drei von ihnen waren geistlichen Standes: der Erzbischof von Mainz als Erzkanzler des Reiches für Deutschland, der Erzbischof von Köln als Erzkanzler für Italien und der Erzbischof von Trier als Erzkanzler für Gallien und das Königreich Arelat (Burgund mit der Hauptstadt Arles). Vier Kurfürsten waren weltlichen Standes: der König von Böhmen als Erzmundschenk, der Pfalzgraf bei Rhein als Erztruchseß, der Herzog von Sachsen als Erzmarschall und der Markgraf von Brandenburg als Erzkämmerer. Schenk, Truchseß, Marschall und Kämmerer galten als die obersten Ämter des königlichen Hofhalts und wurden auch an den Fürstenhöfen in Nachbildung gebräuchlich und nach Lehenrecht erblich.

Die sieben Alleinwähler repräsentierten gewissermaßen die Reichsverfassung, das Grundgesetz, das die Landeshoheit der Kurfürstentümer festschrieb und sie zum Modell der Herausbildung reichsfürstlicher Staatswesen werden ließ. Diese Fürstenverfassung war ursprünglich eine Souveränitätserklärung an Rom, eine Schutzerklärung gegen päpstliche Machtansprüche. Sie wirkte über Jahrhunderte als Instrument der Reichseinigung. In der Zeit der Reichsvakanz, zwischen dem Tod des Kaisers und der Wahl seines Nachfolgers, verwalteten zwei Reichsvikare das höchste Amt: der Kurfürst von Sachsen in dem Teil Deutschlands, in dem das sächsische Recht galt, und der Pfalzgraf bei Rhein in den Gebieten mit fränkischem Recht.

Die Kaiserwahl erfolgte zu Frankfurt am Main. Goethe berichtet in »Dichtung und Wahrheit« von der Wahl und Krönung Josephs II., die er als Fünfzehnjähriger 1764 miterlebt hat. Noch immer wurden genau die Bestimmungen der »Goldenen Bulle« Karls IV. von 1356 beachtet. So spielte das Reichsgrundgesetz auch noch im Legitimitätsdenken deutscher Fürsten in der Verfassungsfrage von 1848/49 eine Rolle. Eben deshalb wurde die »Goldene Bulle« von der demokratischen und nationalgesinnten Publizistik des Vormärz heftig bekämpft — als »ein nichtswürdiges Pergament, worauf geschrieben steht, wie Kaiser und Reich sich wechselseitig verkauften«, hat sie Ludwig Börne gegenüber Heinrich Heine bezeichnet.

Mit der Übertragung der Kurwürde und des Herzogtums Sachsen an die Wettiner rückte das von ihnen regierte Land in die Reihe der führenden Staaten des deutschen Reiches auf.

Albertiner und Ernestiner

Das 15. Jahrhundert brachte den kursächsischen Landen ein Jahrzehnt großer Kriegsnot durch das Eindringen der Hussiten. Die militärischen Auseinandersetzungen kamen erst 1438 zum Abschluß. Kaum war die hussitische Bedrohung gebannt, gerieten die wettinischen Brüder Friedrich und Wilhelm untereinander in einen Erbstreit, der 1446 zu einem regelrechten Bruderkrieg ausartete und erst 1451 im Frieden von Naumburg beigelegt werden konnte. In der Folge dieses rücksichtslos und verlustreich geführten Krieges ereignete sich 1455 zu Altenburg der legendär gewordene sächsische Prinzenraub. Ritter Kunz von Kaufungen, ein Lehensmann Kurfürst Friedrichs II., fühlte sich für die im Kriege erlittenen Einbußen unzulänglich entschädigt, verklagte seinen Fürsten vor dem Hofgericht in Leipzig, kam aber mit seinem Begehren nicht durch. So entschloß er sich, Friedrichs Söhne Ernst und Albrecht als Faustpfand zu nehmen. Die nächtliche Entführung der Prinzen durch Ritter Kunz und seine Spießgesellen wurde zum dankbaren Objekt der Heimatsage.

Die geraubten Prinzen Ernst und Albrecht führten nach dem Tode ihres Vaters 1464 die Regierung zunächst gemeinschaftlich, wobei Ernst als älterer die Kurwürde erhielt.

Von den sechziger Jahren des 15. Jahrhunderts an wurde das sächsische Erzgebirge von einem zweiten »Berggeschrei« erfaßt. Der neue »Bergsegen« setzte mit dem Fündigwerden am Pöhlberg bei Annaberg 1469 und bei Schneeberg 1470 ein. Damals wurde auch mit dem Bau eines neuen Schlosses in Meißen begonnen, das für zwei fürstliche Hofhaltungen Raum bieten sollte. Der geniale Meister Arnold von Westfalen schuf mit der Albrechtsburg, wie sie später genannt wurde, einen Markstein von europäischer Bedeutung im Übergang von der mittelalterlichen Burg zum neuzeitlichen Schloß.

1482 starb in Weimar Wilhelm III., der Thüringen selbständig regiert hatte, ohne männlichen Erben. Thüringen fiel an die Hauptlinie zurück. 1483, im Geburtsjahr Martin Luthers, erstreckte sich der gemeinsame Herrschaftsbereich der Brüder Ernst und Albrecht von der Werra und dem Main bis östlich über die Elbe, vom Kamm des Erzgebirges bis nördlich in die Nähe Berlins. An der Elbe lagen die Residenzburgen Dresden, Meißen, Torgau und Wittenberg. Nach dem Haus Habsburg war Wettin zu dieser Zeit das unbestritten mächtigste Fürstenhaus im deutschen Reich.

Just auf diesem Höhepunkt seiner Geschichte zeigten sich im Haus Wettin Risse. Der Vorrat an brüderlichem Einvernehmen zwischen Ernst und Albrecht schien aufgebraucht. Ernst drängte auf Teilung des Besitzes.

Zu dieser verhängnisvollen Teilung, der Albrecht vergeblich widerriet, ist es dann im November 1485 in Leipzig in Gegenwart einiger Vertreter der Stände gekommen. Ernst, der ältere, hatte nach altem sächsischem Rechtsbrauch den Teilungsvorschlag einzubringen, Albrecht, der jüngere, durfte wählen. Albrecht entschied sich für den meißnisch-osterländischen Teil mit Leipzig und Dresden. Für Ernst, der ohnehin den Kurkreis mit Wittenberg behielt, blieb Thüringen mit fränkischen Besitzungen. Das Schneeberger Bergrevier wurde von der Teilung ausgenommen und weiterhin gemeinschaftlich verwaltet.

Besitzteilungen waren schon in früheren Jahrhunderten vorgekommen. Das hatte zu argen Mißhelligkeiten und sogar kriegerischen Verwicklungen in der fürstlichen Familie geführt. Aber der Charakter der Zusammengehörigkeit war nicht verlorengegangen. Erbverträge, Erbvereinigungen und andere Abmachungen sorgten dafür, den Gesamtbesitz des Hauses ungeschmälert zu erhalten. Auch 1485 wurde der Gesamtbesitz der Wettiner nicht verändert. Aber seine Teilung blieb für alle Zeiten unwiderrufen und hat die politische Bedeutung Sachsens gemindert. Die Geschichte des Hauses Wettin setzte sich in zwei Linien fort. Auf Kurfürst Ernst, der schon 1486 starb, folgten die Ernestiner. Nach Ernst regierten seine Söhne Friedrich der Weise (als Kurfürst) und Johann gemeinsam. Albrecht ließ sich als Herzog von Sachsen in Dresden nieder und begründete die wettinisch-albertinische Linie.

Sächsische Geschichte ist im wesentlichen mit der Linie der Albertiner verbunden geblieben, besonders nach dem für die Ernestiner unglücklichen Ausgang des Schmalkaldischen Krieges. Albrecht war mit der Tochter König Georg Podiebrads von Böhmen, Zedena (Sidonia), vermählt. Die Tochter des »Ketzerkönigs«, die sich freilich wieder zum alten Glauben wandte und es sehr streng damit nahm, wurde zur Stammutter der Albertiner.

Herzog Albrecht mit dem Beinamen »der Beherzte« steht am Ende der wettinischen Herrscherfolge streitbarer und trutziger Markgrafen und Herzöge des Mittelalters. Er war einer der gefeiertsten Kriegshelden seiner Zeit und hat sich im Dienst des Reiches verzehrt. Als »des Kaisers gewaltiger Marschall und Bannermeister« zog er gegen Karl den Kühnen von Burgund und führte das Reichsheer gegen Matthias Corvinus von Ungarn. Er übernahm die Statthalterschaft in den aufständischen Niederlanden und wurde 1494 von Kaiser Maximilian zum »ewigen Gubernator von Friesland« ernannt. In Emden ist er 1500 gestorben. Das erbliche Herzogtum Friesland sollte indes für sein Haus keinen dauerhaften Gewinn bedeuten.

Als Albrecht der Beherzte, auch »die rechte Hand des Reiches«, die Schwerthand, genannt, 1488 in die niederländischen

Kämpfe zog, stellte er seinen erst 17jährigen Sohn Georg an die Spitze der Verwaltung des Herzogtums Sachsen. Da Albrecht die meiste Zeit mit auswärtigen kriegerischen Unternehmungen zubrachte, hat er seinem eigenen Land nur selten landesväterliche Fürsorge angedeihen lassen können. Eine wichtige Bestimmung wurde von ihm aber erlassen, die »Väterliche Ordnung«, ein Hausgesetz aus dem Jahre 1499, dem er die kaiserliche Bestätigung verschaffte. Diese »Väterliche Ordnung« führte die Primogenitur-Erbfolge ein, das ausschließliche Erbrecht des ältesten Sohnes an der Landesherrschaft. Damit war in Zukunft jede weitere Teilung des Herzogtums untersagt.

Wittenbergischer Choral

Mit der Weltgeschichte trat das Haus Wettin durch die Reformation Martin Luthers in Beziehung. Kurfürst Friedrich der Weise wurde zum Schirmherrn des deutschen Reformators. Er und sein Bruder Johann der Beständige haben der Reformation den politischen Rückhalt gewährt, ohne den ihr Schicksal fraglich gewesen wäre. Vom wettinisch-ernestinischen Territorium ist sie ausgegangen.

Luthers gewaltige Erneuerungsbewegung hat in Verschwisterung mit der Erfindung des Johann Gensfleisch zum Gutenberg aus dem Jahr 1440, dem Buchdruck, weltgeschichtliche Wirkung erlangt. Die drucktechnischen Möglichkeiten, das Wort zu vertausendfachen und unaufhaltsam zu verbreiten, verhalfen Luthers Sache zum Durchbruch. Erstmals in der Geschichte übte ein Massenmedium seine Macht aus. Die kirchliche Struktur des Mittelalters wurde von den Druckerpressen überrumpelt. Neben Wittenberg, wo Kurfürst Friedrich der Weise 1502 eine neue Universität, die Leucorea, gegründet hatte, die zum geistigen Zentrum der Reformation wurde, kam Leipzig, das seit 1409 eine wettinische Universität besaß, schon bald als der Stadt des Buchdrucks und Buchhandels herausragende Bedeutung zu.

Unter der Herrschaft der Wettiner war die frühbürgerliche Entwicklung im sächsisch-thüringischen Raum wirtschaftlich und geistig am weitesten fortgeschritten. Ein Mischungs- und Ausgleichsvorgang innerhalb der deutschen Dialekte, die mit den Siedlern ins Land gekommen waren, hatte der Sprache den Weg bereitet, mit der Luther das Ohr auch des einfachen Mannes in Deutschland zu erreichen und ihm Kopf und Herz in Bewegung zu bringen vermochte. In einer seiner Tischreden sagte Luther 1532, er habe keine eigens festgelegte deutsche Sprache verwendet, sondern die allgemein übliche, damit ihn die Leute aus dem hoch- und niederdeutschen Sprachraum verstehen konnten. Im ostmitteldeutschen Sprachraum hatte sich diese lingua communis gebildet. »Ich rede nach der Sechsischen cantzley«, sagte Luther, »quam imitantur omnes duces et reges Germaniae (der alle Fürsten und Könige in Deutschland nacheifern); alle reichstette, fürstenhöfe schreiben nach der Sechsischen cantzeleien unser churfürsten. Ideo est communissima lingua Germaniae (deshalb ist es die allgemein üblichste deutsche Sprache).«

Die Luthersprache als die Sprache der deutschen Bibel ist von Anfang an mit der Musik, der Lieblingskunst der Reformation, eine machtvolle Verbindung eingegangen. Im sächsisch-thüringischen Raum drangen die wittenbergischen Lieder und Choräle zuerst ins Volk. Eine grandiose musikalische Tradition ist diesem Teil Deutschlands als ihrem Ursprungsland zu verdanken. Über den Dresdner Hofkapellmeister Heinrich Schütz im 17. Jahrhundert setzte sie sich zum Leipziger Thomaskantor Johann Sebastian

Bach ins 18. Jahrhundert fort und weiter ins 19. Jahrhundert zu Robert Schumann und Richard Wagner. Als Pflegestätte einer spezifisch evangelisch gegründeten Kultur entwickelte sich das lutherische Pfarrhaus, wie es in Sachsen entstand. Überhaupt gab die Reformation dem Aufbau des Bildungswesens im gesamten wettinischen Herrschaftsgebiet lange nachwirkende Impulse. Als ein Ruhmesblatt wettinischer Bildungspolitik ist in diesem Zusammenhang die Gründung der Fürstenschulen zu Meißen, Pforta und Grimma durch Kurfürst Moritz anzuführen. Säkularisierter Kirchenbesitz verschwand nicht einfach als klingende Münze im Staatssäckel, sondern kam nach dem Willen dieses sächsischen Herrschers dem höheren Schulwesen des Landes zugute. Diese Fürsten- oder Landesschulen haben der Ausbildung begabter Landeskinder unabhängig von der sozialen Stellung der Eltern vorbildlich gedient.

In freier persönlicher Entscheidung liehen die ernestinischen Wettiner der reformatorischen Sache ihren Arm: Friedrich der Weise noch vorsichtig und eher zögernd, sein Bruder Johann der Beständige schon politisch bewußt, dessen Sohn Johann Friedrich der Großmütige kämpferisch. Ihr albertinischer Vetter, Herzog Georg der Bärtige in Dresden, verweigerte dagegen die reformatorische Umgestaltung in seinem Herzogtum und hielt am alten Glauben fest. Aber er erreichte nur, solange er lebte, die Verzögerung des historischen Prozesses, in dessen Vollzug Sachsen zum Mutterland der lutherischen Reformation wurde.

Mit den Fürsten der Reformationszeit tritt im Haus Wettin ein neuer Typus des Herrschers in Erscheinung. Nicht mehr die rekkenhafte Gebärde des Mittelalters, sondern der neuzeitliche Wesenszug listenreicher Staatsklugheit eignet diesen Herrschergestalten. Sie machen lieber in der Ratsstube Politik als im Felde. Sie sind gebildeter als die meisten ihrer Vorfahren. Wissenschaften und Künste finden in ihnen anteilnehmende Förderer. Friedrich der Weise und Georg der Bärtige gaben diesem neuen Typus je eigene persönliche Ausdrucksmerkmale.

Kein Wettiner vor Friedrich dem Weisen und nach ihm hatte realere Chancen zur Erlangung der Kaiserwürde als er 1519 beim Tode Maximilians. Ein Teil der Kurstimmen war dem sächsischen Kurfürsten sicher, und Papst Leo X. hätte seine Kandidatur unterstützt. Aber der Wettiner traute der eigenen Machtstellung zu wenig und schreckte vor den aufgewühlten Leidenschaften im Reich zurück. So wurde der Weg zum Kaiserthron für Karl V. frei.

Das abwägend-vorsichtige Verhalten Friedrichs des Weisen 1519 in der Kaiserfrage, wie stark es auch von seiner Persönlichkeit bestimmt gewesen sein mag, ist doch schon Anzeichen einer Entwicklung, die zur Verflechtung wettinischer Politik in die Glaubenskämpfe der reformatorischen und nachreformatorischen Zeit führt. Die Wettiner, die Ernestiner zuerst, nach Herzog Georgs Tod auch die Albertiner, übernahmen den Summepiskopat, die Verpflichtung evangelischer Fürsten, Obrigkeit auch im kirchlichen Sinne zu sein. Der Durchsetzung bloßer Machtinteressen war diese Bindung an eine religiöse Aufgabe wenigstens als Schuldigkeit im Gewissen entgegen und hat am Machtdrang gezehrt. Sie hat auf die Dauer aber die Herausbildung einer kulturverpflichteten Wertordnung begünstigt.

Mühlberg und die Folgen

Im Herzogtum Sachsen war mit Georg ein Mann der Bildung und der emsigen Verwaltungsarbeit dem kriegstüchtigen Albrecht in der Regierung gefolgt. Den Namen hatte er nach seinem hussitischen Großvater Georg Podiebrad erhalten, seine Mutter Sidonia indes, die zur katholischen Religion zurückgekehrt war, strebte das in ihren Augen an der Kirche begangene Unrecht wiedergutzumachen, indem sie ihren ältesten Sohn zum Priester bestimmte. Georgs Erziehung entsprach der mütterlichen Absicht: er erhielt eine scholastisch-humanistische Bildung. Diese ermöglichte ihm später, mit den Geistesgrößen seiner Zeit in der Sprache der Gelehrsamkeit zu korrespondieren. Albrecht der Beherzte vereitelte die frommen Hoffnungen seiner Gemahlin Sidonia, indem er Georg zu seinem Stellvertreter und damit zu seinem Nachfolger einsetzte.

In kirchlichen Fragen war Herzog Georg durchaus reformwillig, ja sogar von Reformeifer erfüllt, schreckte aber bei der Leipziger Disputation zwischen Luther und Eck im Sommer 1519 vor hussitenfreundlichen Äußerungen des Wittenberger Professors zurück. Seither ist er in wachsendem Maße zum Gegner Luthers geworden. Die Reformation im Herzogtum scheiterte an der persönlichen Beharrlichkeit Georgs des Bärtigen, mit der er an dem seiner Mutter gegebenen Versprechen festhielt, der katholischen Kirche treu zu bleiben. Zu seinem Beinamen »der Bärtige« ist er gekommen, seit er sich aus Schmerz über den Tod seiner Gattin Barbara den Bart nicht mehr schnitt.

Unter Georgs Bruder Heinrich dem Frommen, der 1539 das Herzogtum von Georg erbte und zwei Jahre regierte, konnte das Luthertum seinen Siegeszug auch im albertinischen Sachsen antreten. Auf Heinrich den Frommen folgte 1541 dessen erst zwanzigjähriger Sohn Moritz, der in zwölfjähriger Regierungszeit als bedeutendster Wettiner in die Geschichte eingehen sollte. In seiner Denkweise und seinem dynamischen Handeln zeigte sich bald die von den Zeitgenossen beargwöhnte und für einen Wettiner der Reformationszeit gewiß ungewöhnliche Bereitschaft, die

Politik aus der religiösen Interessensphäre zu lösen, sie gleichsam zu emanzipieren. Als er in den Schmalkaldischen Krieg eintrat, der lutherische Fürst auf der Seite des katholischen Kaisers gegen das Bündnis der protestantischen Kräfte, genügte ihm die fadenscheinige Zusicherung, daß dieser Krieg kein Religionskrieg sei. Die Niederlage des Schmalkaldischen Bundes bei Mühlberg am 24. April 1547, die Gefangennahme Kurfürst Johann Friedrichs in der Lochauer Heide und die von ihm am 19. Mai in Wittenberg unterzeichnete Kapitulation brachten die Ernestiner um die sächsische Kurwürde. Karl V. belehnte Moritz damit. Zur Rückkehr des Kurfürstentitels an den Inhaber der Herrschaft im wettinischen Stammland, aus dem 1423 der erste wettinische Kurfürst hervorgegangen war, kam beträchtlicher Landgewinn. Johann Friedrich mußte Moritz außer dem Kurkreis Wittenberg auch den Landstreifen abtreten, der die Mark Meißen und die Osterlande bisher getrennt hatte, außerdem zu Moritz' Gunsten auf seine Anteile an den sächsischen Bergwerken und auf die böhmischen Lehen verzichten. Aus der territorialen Neuordnung von 1547 ging das albertinische Kurfürstentum Sachsen mit der Hauptstadt Dresden hervor, der neuzeitliche sächsische Kurstaat, der bis 1815 bestand. Die Ernestiner wurden auf Thüringen beschränkt und büßten ihre geschichtliche Gestaltungskraft weitgehend ein. Das ihnen verbleibende thüringische Reichsfürstentum löste sich durch Erbteilungen nach und nach in die sächsischen Herzogtümer Weimar, Gotha, Coburg, Meiningen und Altenburg auf. Der von Moritz geschaffene Kurstaat hingegen wurde unter den deutschen Ländern zu einer Großmacht. Vom Kaiser am 28. Februar 1548 auf dem Marktplatz zu Augsburg feierlich zum Kurfürsten erhoben, von seinen Gegnern als »Judas von Meißen« beschimpft, nutzte Moritz die gewonnene Machtstellung geschickt zum Aufbau einer antihabsburgischen Front. In einem mit staunenswerter Klugheit und Entschlossenheit durchgeführten Doppelspiel verbündete er sich mit anderen protestantischen Fürsten und trat in Verhandlungen mit Frankreich. Die ihm übertragene Belagerung der Stadt Magdeburg bot ihm den Vorwand, ein Heer gegen den Kaiser zu sammeln. Damit zog er im März 1552 in Eilmärschen nach Süddeutschland. Der völlig unvorbereitete Kaiser konnte sich nur durch Flucht retten. Mit dem Bruder des Kaisers, König Ferdinand I., kam es am 2. August 1552 zu dem Vertrag von Passau, in dem den Protestanten »bis zu endgültiger gütiger Vergleichung« das Recht der freien Religionsausübung zugestanden wurde. Moritz war zum Retter des Protestantismus geworden. Der Weg, der zum Augsburger Religionsfrieden von 1555 führte, war angebahnt. Aber dieses Ziel seiner energischen und klugen Bemühungen hat Moritz selbst nicht mehr erreicht. Er starb am 11. Juli 1553, zwei Tage nach einem Reitergefecht bei Sievershausen gegen den landräuberischen Markgrafen Albrecht Alcibiades von Brandenburg-Kulmbach. Kurfürst Moritz trug dabei den Sieg und die Verwundung durch eine Kugel davon. Ob die an sich nicht lebensgefährliche Verletzung oder ihm beigebrachtes Gift die Ursache seines Todes gewesen ist, kann nicht mehr geklärt werden. Der geniale Wettiner starb im Alter von 32 Jahren. Als letzter regierender deutscher Fürst holte er sich den Tod im Felde.

Der Schöpfer des neuzeitlichen Kurstaates zog Sachsen in die nationale und die europäische Politik, weil ihm der Handlungsraum nicht weit genug sein konnte, in dem er seine kühnen Vorstellungen zu verwirklichen suchte. Sein großer Entwurf kursächsischer Reichspolitik blieb unausgeführt, und es ist eine Sache der Spekulation, ob Sachsen unter seiner Führung zu einer denkbaren nationalen Entwicklung in Deutschland hätte beitragen können. Eine Gelegenheit, auf den Kaiserthron zu gelangen, die sich Moritz nicht bot, wäre von ihm wohl ergriffen worden. Und es bleibt leider auch nur spekulative Frage, ob ihm dann ein Ausgleich der religiösen Gegensätze im Reich geglückt wäre, was unter Umständen das Leid des Dreißigjährigen Krieges vermeidbar gemacht hätte.

Der erste »fürstliche Staatswirt«

Die Nachfolge des genialen Moritz trat sein siebenundzwanzigjähriger Bruder August an, ein auf den wirtschaftlichen und kulturellen Ausbau des Kurstaates gewissenhaft bedachter, der großen Politik entschieden abgeneigter Landesfürst. Bei der Übernahme der Regierung sah er seine vorrangige Aufgabe in der Sicherung seines Landes gegen die Gelüste seiner ernestinischen Vettern, die Folgen von Mühlberg rückgängig zu machen. August verzichtete auf die Fortsetzung der weitgreifenden Politik seines Bruders, die ohnehin seine geistigen und charakterlichen Anlagen überforderte. Seiner Neigung entsprach vielmehr ein wohlkalkuliertes Besitzstreben, und das hat der argwöhnische, gefühlsarme, aber unermüdliche Mann höchst erfolgreich praktiziert. Aus den Kammer-, Licht-, Hof- und Speiseordnungen seiner Regierungszeit spricht ein geradezu kleinlich-rechnerischer Geist. Ein Schatz von 2 Millionen Talern Bargeld fand sich bei Augusts Tod in Kisten und Säcken verwahrt im Dresdner Schloß vor. Seine Frau Anna, eine Tochter des Dänenkönigs Christian III., war ihm wesensverwandt. »Vater August« und »Mutter Anna« wurde das Kurfürstenpaar im Lande genannt. Ihre fünfzehn Kinder legitimierten diese Bezeichnung ohnehin. Kurfürst August vermochte in seiner dreiunddreißigjährigen Regierungszeit von 1553 bis 1586 Sachsen zu einem wahren Musterland im Deutschen Reich zu machen. Ihm verdankte der kursächsische Territorialstaat seine Prägung für die Neuzeit bis an die Schwelle der Industriellen Revolution.

Die wirtschaftliche und kulturelle Blütezeit unter Kurfürst August beruhte nicht zuletzt auf einem überwiegend gedeihlichen Auskommen zwischen Landesherrn und Ständen. Schon am Anfang seiner Regierung, beim Leipziger Landtag von 1553/54, kam August mit den Ständen überein, künftig Krieg nach Möglichkeit zu vermeiden, keine aktive Einmischung in die europäische Politik mehr zu betreiben und absolutistische Experimente in der Landespolitik zu unterlassen.

In den Fragen der Reichs- und Konfessionspolitik verlor Sachsen die richtunggebende Rolle, die ihm Moritz erworben hatte. Es trat unter August in ein Anlehnungs- und Abhängigkeitsverhältnis zum Hause Habsburg. Die persönliche Freundschaft zwischen dem Kurfürsten und Maximilian II., der 1564 seinem Vater Ferdinand auf dem Kaiserthron folgte, mag daran Anteil gehabt haben. Für August bedeutete das besondere Vertrauen des Kaiserhauses vor allem einen verläßlichen Rückhalt für seine eigene territoriale Machtpolitik. Im Naumburger Vertrag vom 24. Februar 1554 hatte er zwar eine endgültige schiedliche Regelung mit den Ernestinern erreicht, doch konnte er — wie sich wenige Jahre später beim »Grumbachschen Händel« zeigte — nie ganz vor erneuten Ansprüchen der Söhne Johann Friedrichs sicher sein.

Am Zustandekommen des Augsburger Religionsfriedens hat Kurfürst August tatkräftig mitgewirkt und in seiner konservativen Politik dann auch die bestehende religionspolitische Kräfteverteilung zu erhalten gesucht. Aber nicht alle protestantischen Fürsten waren gewillt, dieser Linie zu folgen. Kurpfalz übernahm die Führung der reformatorischen Bewegung in der Reichspolitik. Das ließ einen kurpfälzisch-sächsischen Gegensatz entstehen, der für das Schicksal des politischen Protestantismus nachteilig war.

In den theologischen Streitigkeiten seiner Zeit stand August als ein Mann des schlichten Glaubens, dem tieferes Verständnis für die geistigen Auseinandersetzungen fehlte. Von 1574 an verfolgte er eine aktive Konfessionspolitik im Sinne des Luthertums. Seinem nachdrücklichen Eingreifen verdankte schließlich die Konkordienformel ihre Anerkennung. Aber die bekenntnismäßige Einigung des Luthertums von 1580, die schließlich die Unterschriften von 3 Kurfürsten, 20 Reichsfürsten, 24 Grafen, 4 Dynasten und 35 Reichsstädten trug, führte zu keiner politischen Übereinstimmung.

Vater August, der gut evangelische und zugleich kaisertreue Kurfürst von Sachsen, gilt unbestritten als einer der erfolgreichsten Wirtschaftspolitiker auf einem deutschen Fürstenthron. Als erster »fürstlicher Staatswirt« ist er bezeichnet worden. Unter seiner Regierung bildeten sich in Sachsen wirtschaftliche Verhältnisse, soziale Beziehungen und obrigkeitliche Ordnungen heraus, die sich auf lange Zeit als stabil erwiesen. Der Kurfürst, der in seinem Schloß zu Dresden in eigener Werkstatt drechselte, beschäftigte sich persönlich mit allen Zweigen der Landeskultur, mit Ackerbau und Weinbau, Viehzucht, Garten- und Forstwesen, Bergbau und Manufakturen. Unter der Mitwirkung des Rechenmeisters Adam Ries entstand die Münzordnung von 1558. Der Name der aus dem Erzgebirge stammenden Barbara Uttmann steht für den Beginn der industriellen Ausnutzung der Kunst des Klöppelns. Dem Aufstieg Leipzigs zur Handelsmetropole wurden ebenfalls durch August die Wege geebnet. Der Kurfürst selbst betätigte sich als frühkapitalistischer Unternehmer. Ob von einer eigenen Bauernschutzgesetzgebung Augusts gesprochen werden kann, ist umstritten, den Bestrebungen des Adels, Bauerngüter an sich zu bringen, hat er jedenfalls 1563 durch eine Verfügung Einhalt geboten.

Vorbildlich für seine Zeit wirkte Augusts Staatsverwaltung mit dem 1574 errichteten Geheimen Rat an der Spitze und einer juristisch geschulten, an strenge Pflichterfüllung gewöhnten Beamtenschaft. Nach seiner Verwaltung war das Sachsen des Kurfürsten August ebenso neuzeitlich fortschrittlich wie nach seiner Staatswirtschaft. Eine Blütezeit erlebten Kunst und Kunsthandwerk als Ausdruck glücklicher wirtschaftlicher Verhältnisse, wie sie sich unter diesem vielseitig talentierten, in seinen politischen Vorstellungen aber phantasielosen Fürsten entwickelten.

Man kann in »Vater« August das Bild des »echten Sachsen« sehen: fleißig, sparsam, genügsam, von Nützlichkeitsdenken beherrscht, stets geschäftig. Der freie Zug ins Große, ins Politisch-Gestaltende fehlt. Nicht Moritz, sondern August hat durch sein Vorbild den sächsischen Volkscharakter mit geformt. Was an diesem Charakter als »gut-sächsisch« zu rühmen sein mag, hat eben auch seine Kehrseite in Kleinlichkeit und Enge, in mangelnder Begeisterungsfähigkeit für große Ideen und Ideale.

Reichstreue und Großer Krieg

Die kursächsische Politik hat nach dem Tod Kurfürst Augusts noch einmal die Abkehr von der habsburg- und kaisertreuen Linie und die Hinwendung zu einer protestantischen Interessenübereinstimmung gesucht. Der staatsmännische Kopf dieser Neuorientierung war Dr. Nikolaus Crell, ein aufgeklärter Leipziger Professorensohn, den »Vater« August seinem Nachfolger Christian noch selbst zum Mentor gegeben hatte. Unter Christians Regierung stieg Crell dann in drei Jahren zum kursächsischen Kanzler auf. Kirchenpolitisch strebte er nach einer Überwindung der starrlutherischen Positionen zugunsten calvinistischer Einflüsse. Die Bindung an die Konkordienformel wurde aufgehoben. Außenpolitisch trat der unter dem Einfluß seines Kanzlers stehende Kurfürst Christian I. in Verhandlungen mit dem Pfälzer Kurfürsten und anderen protestantischen deutschen Landesherren, schloß ein förmliches Bündnis mit Heinrich IV. von Frankreich und nahm deutlich Kurs auf die von Elisabeth von England betriebene protestantische Kräftesammlung gegen das erstarkende katholisch-habsburgische Lager.

Nikolaus Crell wollte Kursachsen auch absolutistisch stärken. Durch den Ankauf großer Güter sollte die Stellung des Landesherrn gegenüber den Ständen gefestigt werden. Im städtischen Bürgertum, aus dem der Kanzler kam, fanden diese Bestrebungen Anklang, nicht aber beim Adel, der seine ständischen Positionen bedroht sah. Für Crell war die Zeit, seine überlegen konzipierte Politik der »Zweiten Reformation« umzusetzen, freilich zu kurz. 1591 starb Christian I., nach nur fünfjähriger Herrschaft. Für den noch unmündigen Thronfolger übernahm der streng lutherische Ernestiner Friedrich Wilhelm von Sachsen-Altenburg die Vormundschaftsregierung. Der Adel und die lutherische Geistlichkeit, die durch Crells procalvinistische Haltung aufgebracht waren, nutzten die Gunst der Stunde, das Volk gegen ihn aufzureizen. Der sogenannte »Calvinistensturm« führte zur Verhaftung Crells und seiner Anhänger. Dem Kanzler Christians I. wurde der Prozeß gemacht. Die Anklage lautete auf Ablenkung von Kaiser und Reich, auf Komplott mit ausländischen Mächten, womit Frankreich gemeint war, und auf Gewaltanwendung in Religionssachen. Zehn Jahre zog sich dieser Prozeß hin, in dem Crell menschliche Würde und Standhaftigkeit bewies. 1601 wurde der bedeutende Staatsmann in Dresden zum Richtplatz geführt und enthauptet.

Als Crells nur kurzlebiger Versuch einer konfessionellen Erneuerung gescheitert war, kehrte Kursachsen zum orthodoxen Luthertum und zu seiner Kaisertreue zurück. 1601 wurde Christian II. volljährig und trat die Regierung an. Dieser schwächliche Fürst starb, noch bevor er das 28. Lebensjahr vollendet hatte, ohne einen Nachkommen und ohne ein wesentliches Zeugnis seiner Eignung zum Herrscheramt zu hinterlassen. Ihm folgte sein Bruder Johann Georg I. auf dem sächsischen Thron. Der neue Kurfürst war, ohne überragende Eigenschaften zu besitzen, ein Mann gelebter Verantwortung vor Gott. In den 45 Jahren seiner Regierung, von denen 30 Jahre dem großen Krieg in Deutschland gehörten, hat er sich redlich um eine Friedenspolitik bemüht. Es war für Johann Georg eine über seine Fähigkeiten gehende Aufgabe, das Land aus dem großen Krieg herauszuhalten. Nach dem Erscheinen der Schweden unter Gustav Adolf auf dem Kriegsschauplatz war für Kursachsen der Spielraum erschöpft, sich zwischen den kämpfenden Parteien eigenständig zu behaupten. Die aktive Teilnahme des Kurfürstentums am Dreißigjährigen Krieg an der Seite Schwedens dauerte eigentlich nur vier Jahre. Im Prager Frieden von 1635 zahlte Habsburg mit der Abtretung der beiden Markgraftümer Ober- und Niederlausitz für den Austritt Kursachsens aus der schwedisch-protestantischen Kriegspartei. Das war der letzte Landzuwachs in der Geschichte Sachsens.

Johann Georgs Reichstreue und sein persönliches Friedensstreben gaben den Ausschlag für ein Verhalten, das lange als »Doppelsinn« getadelt worden ist. Es war aber dem Kurfürsten der Krieg gründlich leid. Nun machte er sich Schweden zum unversöhnlichen Feind. Jahre der fürchterlichsten Kriegsnot begannen. Die Verheerungen, die der Dreißigjährige Krieg dem Land nach 1635 zufügte, waren weitaus schlimmer als in den Jahren zuvor. Selbst als 1645 in Kötzschenbroda ein Neutralitätsvertrag zwischen Schweden und Sachsen abgeschlossen wurde, war des Elends noch lange kein Ende. Schweden sicherte sich das militärische Durchzugsrecht durch Sachsen und nahm Leipzig und Torgau in Pfandbesitz.

In den betrübten Zeiten des Dreißigjährigen Krieges, aus dem Kursachsen als eines der am ärgsten gebeutelten Länder davonkommen sollte, erscholl von Dresden, der Residenz Johann Georgs, in der Musik seines Hofkapellmeisters Heinrich Schütz die Klage und der Preis des Friedens. Und diese erschütternde, sehnsuchtserfüllte Stimme tönt über die Jahrhunderte hin — sie ist noch immer das Lebendigste, was wir aus jener Epoche haben. Die Zeit war von Kriegslärm erfüllt, von unsäglichem menschlichem Leid. Daß auch der Hexenwahn in diesen Jahrzehnten seine grauenvollen Triumphe feierte, läßt ihr Bild noch düsterer erscheinen. Doch entdecken wir auch in Zeiten schwerster Bedrängnis den Hoffnungsstrahl der Humanität. Während des Dreißigjährigen Krieges setzte die Zuwanderung böhmischer Exulanten nach Sachsen ein. Etwa 150 000 um ihres Glaubens verfolgte Menschen aus dem benachbarten Böhmen fanden in Sachsen eine neue Heimat. Sie brachten neue Gewerbe ins Land, gründeten Dörfer und Städte und belebten die Wirtschaft des ausgezehrten Landes.

Die Folgen des Dreißigjährigen Krieges überwand Sachsen im wesentlichen in reichlich zwei Jahrzehnten. Die Grundlagen, die »Vater« August zu seiner Zeit in Wirtschaft, Gesellschaft und Staatsorganismus geschaffen hatte, bewährten sich ; sie sind durch das 17. Jahrhundert hindurch kaum verändert worden. Die vier Johann Georgs auf dem kursächsischen Thron richteten ihr Augenmerk auf den Landesausbau. Sie suchten Frieden und Recht zu wahren. Das Kaiserhaus in Wien hatte an den Kurfürsten in Dresden verläßliche Stützen unter den protestantischen Ständen. Ohne Begeisterung übernahm Johann Georg I. 1653 den

Vorsitz im Corpus Evangelicorum, dem protestantischen Fürstenrat. Dadurch erlangte Sachsen stärkeren Einfluß in Reichsbehörden wie dem Kammergericht und dem Reichshofrat. Daß Kursachsen formal das Direktorium der evangelischen Reichsstände behielt, nachdem August der Starke 1697 die katholische Konfession angenommen hatte, wirft nur ein bezeichnendes Licht auf die politische Uneinigkeit in Deutschland. Zwischen den protestantischen Kurfürsten von Brandenburg-Preußen und Hannover, das 1692 bei einer Veränderung im Kurfürstenkollegium ebenfalls zur Kurwürde gekommen war, konnte kein Einvernehmen darüber erzielt werden, wer von ihnen Kursachsen im Direktorium ablösen sollte.

Man sucht im ganzen 17. Jahrhundert bei den sächsischen Herrschern vergeblich nach einer politischen Konzeption, die dem Land eine seiner wirtschaftlichen und sozialkulturellen Potenz gemäße Aufgabe zugewiesen hätte. Sachsen verharrte in seiner Reichstreue, während sein Nachbar Brandenburg die Bahn des sich vom Reich lösenden Territorialstaates einschlug. Seit in Brandenburg 1640 Kurfürst Friedrich Wilhelm, bald der Große Kurfürst genannt, die Regierung übernommen hatte, bekam die brandenburgische Politik eine neue Richtung. Pommern, als Kristallisationspunkt alter brandenburgisch-schwedischer Gegensätze, trat an Bedeutung zurück. Der kursächsische Gebietszuwachs durch die Erwerbung der Lausitzen erregte bereits Brandenburgs Unwillen. Ein weiteres Erstarken Kursachsens lief den Interessen Brandenburgs, das nun seine Wendung gegen Habsburg nahm, entgegen. »Keinem ist des Hauses Kursachsens gar zu großes Aufnehmen schädlicher als dem Haus Brandenburg«, schrieb der Große Kurfürst im Jahr 1668. Seinem Willen zur Macht opferte Brandenburg die Loyalität gegenüber Kaiser und Reich. Sachsen geriet in den folgenschweren Konflikt, an dem es keine Schuld trug. Der zielstrebigen und gewalttätigen Expansionspolitik des Nachbarn im Norden hat sich die sächsische Politik auf die Dauer nicht gewachsen gezeigt. Johann Georg I. schwächte Sachsen sogar noch durch die testamentarische Errichtung von drei Sekundogeniturherzogtümern für seine jüngeren Söhne. Die drei Nebenlinien Sachsen-Weißenfels, Sachsen-Merseburg und Sachsen-Zeitz bildeten eigene Höfe und Regierungen und förderten nach wettinischer Tradition Kunst und Kultur. Diese Nebenlinien starben aber bis 1746 wieder aus, und ihre Territorien fielen an Kursachsen zurück.

Man hat in der sächsischen Geschichte des 17. Jahrhunderts der Erstarrung in Adelsherrschaft, Privilegien, Zunftzwang und Orthodoxie weitaus mehr Beachtung geschenkt als den kulturellen, zukunftsweisenden Leistungen. Der Geschichte der Musik und des Theaters etwa am kurfürstlichen Hof zu Dresden im 17. Jahrhundert gebührt unser heutiges Interesse schon deshalb, weil sich hier eine Entwicklung vorbereitete, die zu einem eigenständigen Beitrag Sachsens an der Weltkultur führen sollte. Und wenn wir einer uns gemäßen Lesart der Geschichte folgen, die nicht mehr den an machtpolitischem Erfolg gebildeten Maßstäben preußischer Geschichtsschreibung huldigt, zeigt gerade die sächsische Geschichte, daß die Werke der Kunst und der Friedfertigkeit sich historisch dauerhafter erweisen als alle Siege der Waffen.

Der Goldene Reiter

Am Ende des 17. Jahrhunderts kam derjenige, der die gewohnten Maße wettinischer Herrschertugenden sprengte und als der genußfreudige, pracht- und tatenbesessene, ins Phantastische schweifende Barockfürst Sachsens zum Goldenen Reiter, zum Sinnbild einer Epoche wurde: August der Starke. Als Kurfürst Friedrich August I. folgte er seinem Bruder Johann Georg IV. 1694 in der Regierung. Am 15. September 1697 ließ er sich im Dom zu Krakau als August II. zum polnischen König krönen. Er war der erste Wettiner, der eine Königskrone trug. Er hat diese Krone mit seinem Übertritt zur katholischen Kirche und mit einer riesigen Bestechungssumme an die polnischen Königswähler bezahlt. Die sächsischen Staatsverhältnisse, die er erbte, setzten ihn schließlich dazu in den Stand.

Der Konfessionswechsel des Kurfürsten führte in Sachsen, dem Mutterland der Reformation, fortan zur Koexistenz einer katholischen Dynastie und einer überwiegend evangelisch-lutherischen Bevölkerung. Die staatliche Struktur des Landes hat das ausgehalten, eine Gegenreformation fand in Sachsen nicht statt. Aber ein Element der Entfremdung kam ins Verhältnis des Volkes zu seinem Herrscherhaus.

Das nunmehr katholische Haus Wettin der albertinischen Linie überließ dem Haus Hohenzollern, das dem reformierten Bekenntnis angehörte, praktisch die Führungsposition des politischen Protestantismus in Deutschland. Der aufstrebenden brandenburgisch-preußischen Macht war damit ein zusätzlicher Impuls verliehen. Die sächsisch-polnische Union, für die dieses Opfer gebracht wurde, fiel nach einem reichlichen halben Jahrhundert wieder auseinander. Ihr einziges Bindeglied war die Person des Herrschers.

Das katholische Haus Wettin öffnete sich andererseits in bedeutsamer Weise dem süd- und westeuropäischen Kulturstrom, der sich zumal in Dresden mit der protestantischen Kulturtradition berührte. Familiäre Verbindungen mit katholischen Dynastien trugen zur Europäisierung des Dresdner Hofes bei. Das hat im

Augusteischen Zeitalter, wie die Regierungszeit Augusts des Starken und seines Sohnes genannt wird, zu einem einzigartigen Aufblühen der Künste geführt und der Residenzstadt an der Elbe ihr bleibendes Antlitz ausprägen helfen. Durch August den Starken ist Dresden zu einer europäischen Stadt geworden. Paläste und Gärten, die der Kurfürst-König an den Ufern des Stromes anlegen ließ und mit denen er Dresden wie mit einem Kranz umgab, verliehen der Stadt den festlichen Charakter, der ihr geblieben ist. Pöppelmann baute für August den Zwinger, und Permoser stattete ihn mit anmutigen Statuen aus. Für August schuf Dinglinger den Hofhalt des Großmoguls in vollendeter Goldschmiedekunst. Im Dienst und Zwang dieses Fürsten fand der Aurifex Böttger in experimenteller Zusammenarbeit mit dem Gelehrten Tschirnhaus das Herstellungsgeheimnis des »weißen Goldes« , des europäischen Porzellans.

Kursachsen erlebte im Augusteischen Zeitalter einen kulturellen Aufschwung, der die Werte eines durch die Künste gesteigerten Lebensgefühls höher als in allen vorangegangenen Epochen erhob. Unter August III., Augusts des Starken Sohn, wurde die Katholische Hofkirche vollendet, erlangte die Dresdner Oper ihren Weltruhm, wuchs die Sammlung kostbarer Gemälde – August III. kaufte allein die Sixtinische Madonna für 12 500 Dukaten an –, erreichten Zwinger und Großer Garten ihre höfische Glanzzeit.

Durch die Verbindung mit Polen führte August der Starke Sachsen an die Schwelle zu einer europäischen Großmacht. Vergeblich blieb der militärische Ehrgeiz, von dem sich der ruhmsüchtige Wettiner immer wieder in kriegerische Abenteuer treiben ließ, so in den Nordischen Krieg, durch den er Sachsen eine erneute Schwedennot auf den Hals zog. Dem Feldherrn blieb kein Kranz. Auch die Kaiserkrone, die er für sein Haus erträumte, war eine trügerische Verlockung. Aber was in der Politik für ihn selbsttrügerisches Gaukelspiel blieb, vermochte der genialisch veranlagte Mann durch die Künste, die er in seinen Dienst nahm, zur dauernden Gestaltung zu bringen. Meister Dinglinger bannte den Traum seines Fürsten vom Staat des absoluten Gott-Königs auf Erden in eine poetische Vision aus Gold, Silber und Diamanten.

Ein neues Zeitalter

Heinrich Graf von Brühl, der drei Jahrzehnte lang die Politik Augusts III., des Sohnes Augusts des Starken, als Premierminister bestimmte, erlag bei der Beurteilung der Situation Sachsens zwischen den um Schlesien kämpfenden Mächten Preußen und Österreich verhängnisvollen Fehleinschätzungen. Im Siebenjährigen Krieg erlitt Brühls Politik des diplomatischen Ränkespiels ein totales Fiasko. Sachsen war 1763, als der Siebenjährige Krieg mit dem Friedensschluß von Hubertusburg endete, wirtschaftlich ruiniert. Es glich, wie der Preußenkönig Friedrich II. sagte, der »thebaischen Wüste«.

Canaletto, der auf seinen Bildern den barocken Glanz Dresdens im Augusteischen Zeitalter überlieferte, malte nach dem Siebenjährigen Krieg in tiefer menschlicher Betroffenheit die Ruinen der vormals so herrlichen Stadt. Ein Augenzeuge der Beschießung Dresdens durch die Preußen im Juli 1760 berichtete: »Dresden ist nicht mehr vorhanden, seine größten Paläste und Straßen, wo Kunst und Pracht miteinander um den Vorzug stritten, sind Steinhaufen, die Haupt- und Kreuzkirche nebst ihrem Turm haben Feuerkugeln und Bomben ruiniert. Die reichsten Einwohner sind arm geworden, denn was ihnen noch das Feuer übriggelassen, hat ihnen der Raub genommen.«

Bald nach dem Ende des Siebenjährigen Krieges starb August III. und kurz nach ihm Graf Brühl, der zur Personifikation eines Systems korrupter Mißwirtschaft in Sachsen geworden war.

Kurfürst Friedrich Christian, der die Nachfolge seines Vaters antrat, hatte schon als Kurprinz in seinem Tagebuch den Grundsatz vermerkt: »Die Fürsten sind für ihre Untertanen da und nicht die Untertanen für die Fürsten. Der Reichtum der Untertanen, der öffentliche Kredit und eine gute stehende Armee machen das wahre Glück des Fürsten aus.«

Das bedeutete die Umkehrung der Überzeugung, aus der sein Großvater und sein Vater geherrscht hatten. Aus dem Geist des aufgeklärten Absolutismus leitete Friedrich Christian das Rétablissement ein, die Neuordnung der zerrütteten Staatsfinanzen und den Wiederaufbau der daniederliegenden Wirtschaft. Die sächsisch-polnische Personalunion wurde nicht mehr erneuert.

Leider sollte Friedrich Christian, dem Sachsen die tiefgreifende Staatsreform verdankte, der Wettiner mit der kürzesten Regierungszeit werden. Nur 74 Tage waren ihm in seinem Herrscheramt vergönnt. Er starb am 17. Dezember 1763 an den Blattern. Für Friedrich Christians noch unmündigen Thronerben Friedrich August III. übernahm zunächst Prinz Xaver als Administrator die Regierungsgeschäfte.

Die von Friedrich Christian zur Durchführung seines Reformprogramms ausgewählten Minister meist bürgerlicher Herkunft und von aufklärerischer Gesinnung setzten die Arbeit zielstrebig fort. Ein nüchterner, praktischer Geist kehrte in der sächsischen Verwaltung ein. Die künftige Entwicklung zur bürgerlichen Gesellschaft hin nahm an diesem Wendepunkt der sächsischen Geschichte ihren Anfang. Namen wie Thomas von Fritsch, der aus dem Leipziger Großbürgertum stammte, Friedrich Ludwig Wurmb und Christian Gotthelf Gutschmid sind zu nennen. Ihnen gelang es, in wenigen Jahren den sächsischen Staatshaushalt wieder auszugleichen und die wirtschaftliche Entwicklung des Landes voranzubringen. Was im sächsischen Volk an guter Tradition der Überwindung von Niederlagen und Verlusten lebendig war, bewies erneut die Zeit des Wiederaufbaus nach dem Siebenjährigen Krieg. Denn »in dem Charakter der Sachsen«, heißt es in den Erinnerungen des sächsischen Generals Ferdinand von Funck, »liegt ein Grund von Moralität, die sich vor groben Ausschreitungen bewahrt, ein gemütlicher Frohsinn, der genügsam mit wenigem glücklich zu sein weiß, und eine nie ermüdende, durch keinen Unfall abzuschreckende Tätigkeit«.

Starke Impulse erfuhr das Bildungswesen. Ein kurfürstliches Reskript vom 4. Dezember 1765 rief in Sachsen die erste Technische Hochschule ins Leben, die Freiberger Bergakademie. Einer ihrer geistigen Väter war der Generalbergkommissar Friedrich Anton von Heinitz, ein Mann des sächsischen Rétablissements, den Friedrich II. 1777 als Staatsminister ins Preußische Berg- und Hüttendepartement nach Berlin holte. Der Reformer Heinitz wurde in Preußen der Lehrer Alexander von Humboldts, vor allem aber des Freiherrn vom Stein und Karl August von Hardenbergs. Er wurde zum Vermittler sächsischen Gedankengutes an die späteren Urheber der preußischen Reformen nach dem Zusammenbruch von 1806.

Sparsamkeit kehrte nach 1763 auch bei Hofe ein. Die glanzvolle Hofkultur der Augusteischen Zeit entsprach nicht mehr dem veränderten Zeitgeist. Ein musisch inspirierter fürstlicher Lebensstil, der nicht nach außen glänzen, sondern sich in höfisch-familiärer Intimität entfalten sollte, zog ins albertinische Haus Wettin ein. Der kulturbetonte Zug, der dem sächsischen Königshaus im

19. Jahrhundert insgesamt eigentümlich wurde, ist von Kurfürst Friedrich Christian und seiner Gattin Maria Antonia Walpurgis geprägt worden.

Maria Antonia, eine Tochter Kaiser Karls VII. aus dem Haus Wittelsbach, brachte eigenes künstlerisches Talent in die fürstliche Familie. Sie dichtete und komponierte nach Metastasios und Hasses Vorbild. Die Accademia degli Arcadi in Rom, die Akademie der arkadischen Schäfer, ernannte sie unter dem Namen Ermlinda Talea Pastorella Arcada zu ihrem Mitglied. Ihre Söhne Friedrich August, Anton und Maximilian wurden ausübende Musikliebhaber.

Kurfürst Friedrich August III. übernahm 1768 die Herrschaft. War seinem Vater die kürzeste Regierungszeit in der Geschichte des Hauses beschieden gewesen, sollte er der Regent mit der längsten Regierungszeit werden. 59 Jahre lenkte er als Kurfürst und König die Geschicke Sachsens.

Die Könige

Revolutionäres Wetterleuchten

»Was ein Friedrich August am Anfange des Jahrhunderts anfing«, schrieb Johann Gottfried Herder über Dresden, »hat ein anderer Friedrich August am Ende desselben vollendet. Durch sie ist Dresden in Ansehung der Kunstschätze ein deutsches Florenz geworden ... Über alles Kunstlob erhebt sich der kurze Zusatz, daß, wenn ein Friedrich August vor Anfang des verflossenen Jahrhunderts die polnische Krone kostbar suchte, ein anderer Friedrich August sie vor Ausgange des Jahrhunderts fürs Beste seiner Länder gerecht und würdig ausschlug. Das Jahrhundert, das ein Alcibiades begann, beschloß ein Aristides.« Herder setzte Kurfürst Friedrich August III. in das denkbar günstigste Verhältnis zu seinem Urgroßvater August dem Starken. Als Aristides, der ein um seiner Gerechtigkeit und Weisheit gerühmter Politiker im antiken Athen war, ist Friedrich August III. schmeichelhaft charakterisiert. Vor dem grell aufleuchtenden weltpolitischen Horizont seiner Regierungszeit mit der Französischen Revolution von 1789 und der ihr folgenden napoleonischen Epoche nimmt sich dieser Herrscher Sachsens nach seiner charakterlichen und geistigen Statur eher kümmerlich aus. Der geschichtliche Einbruch, den Sachsen 1815 auf dem Wiener Kongreß erfuhr, als ihm fast zwei Drittel seines Territoriums von Preußen genommen wurden, ist mit der unglücklichen Politik des ersten Trägers der sächsischen Königswürde verbunden.

Folgt man der kulturverpflichteten Hinwendung des seit August dem Starken katholisch gewordenen Hauses Wettin albertinischer Linie insbesondere zu südeuropäischen Einflüsse, macht sich unter Friedrich August III. am Dresdner Hof der Vorrang des Italienischen deutlich bemerkbar. Dabei spielte der dem Kurfürsten seit Kindheitstagen vertraute Graf Camillo Marcolini eine gewiß nicht unwesentliche Rolle. Der Italiener war als Silberpage nach Dresden gekommen. Als Kammerpage gelangte er in die nächste Umgebung des Kurprinzen. Es glückte ihm, auf den schwächlichen jungen Herrn, dem es an Selbstvertrauen und Entschlußkraft gebrach, persönlichkeitsbildend einzuwirken. Marcolini habe ihn gleichsam erst das Gehen gelehrt, bekannte der Kurfürst später. Im Jahr nach seinem Regierungsantritt ernannte er Marcolini zu seinem Oberhofmeister. Der Italiener wurde Direktor der Meißner Porzellanmanufaktur und der ersten sächsischen Steingutfabrik in Hubertusburg, Direktor der Kunstakademie und der Kurfürstlichen Sammlungen und stieg schließlich zum Kabinettsminister auf. Seine Bedeutung für die Kunstentwicklung in Sachsen zwischen 1768 und 1814 ist gar nicht zu unterschätzen.

Auf den Bildern Canalettos bietet sich uns das Augusteische Dresden ja schon in venetianischer Schau dar. Die Hofkirche, Chiaveris herrlicher Sakralbau am Elbstrom, vermittelt den Zauber des römischen Barock. Die Italienische Oper in Dresden erreichte bereits unter Hasse europäische Ausstrahlung, die einem von Musikern und Sängern oft italienischer Herkunft getragenen Ensemble zu danken war. Seit 1801 leitete Fernando Paër aus Parma die Dresdner Oper, bis Napoleon ihn nach Paris mitnahm. 1810 kam Morlacchi, aus Perugia gebürtig, als Operndirektor und blieb 30 Jahre in Dresden. Friedrich August III. hat seine Vorliebe für die italienische Oper durch ihren beinahe täglichen Besuch bewiesen. Er komponierte selbst, und an jedem ersten Feiertag hoher Feste erklang in der Hofkirche eine Vespermusik von ihm, ohne daß er als Komponist genannt werden durfte.

Für die persönliche Kultur Friedrich Augusts zeugt sein gerühmtes Pianospiel, seine Freude am Drechseln, sein Interesse für Botanik und Insektenkunde. 1769 ließ er den Pillnitzer Schloßgarten anlegen, stellte selbst ein Herbarium zusammen und begründete eine ausgezeichnete botanische Fachbibliothek. In Moritzburg entstand für ihn das reizende Fasanenschlößchen, dem er für seine privaten Bedürfnisse den Vorzug gegenüber dem repräsentativen Barockschloß gab. Er, der Sachsen als letzter Fürst absolutistisch regierte, war ein Mann der schlichten Würde, sparsam und einfach in seiner Lebensführung. Man kann auch zu seinen Gunsten anführen, daß unter ihm in Sachsen die Folter abgeschafft wurde und daß keine Soldaten an fremde Mächte verkauft worden sind.

Für die Entwicklung der staatlichen Verhältnisse in Sachsen brachte die Herrschaft Friedrich Augusts, den man den Gerechten nannte, keine wesentlichen Fortschritte. Starr hielt er am altständischen Recht fest. Die unter seinem Vater Friedrich Christian begonnene Staatsreform, die durch das langwierige Korruptionsverfahren gegen den längst verstorbenen Minister Brühl belastet wurde, geriet mehr und mehr in den bürokratischen Mühlengang. Zum Volk hatte Friedrich August ohnehin kein Verhältnis, aber auch gegenüber den erneuerungswilligen Kräften des sächsischen Adels und der Beamtenschaft verhielt er sich unzugänglich. Die aufkommende Verfassungsfrage, die auf den Landtagen von 1793, 1799, 1805 und 1811 wiederholt angemahnt wurde, scheiterte nicht zuletzt an der Abneigung dieses Monarchen gegen den Zeitgeist, an seinem mangelnden Willen zu Veränderungen.

Konnte der Kurfürst sein zwanzigjähriges Regierungsjubiläum im Jahre 1788 noch in der unangefochtenen altständischen Ordnung seines Landes begehen, verspürte man zwei Jahre später auch in Sachsen den Wind, der aus dem revolutionären Frankreich nach Deutschland herüberwehte. 1790 kam es im Kurfürstentum zu Bauernunruhen. Als nach einem kalten Winter und einem trockenen Frühjahr das für die kurfürstliche Jagd gehegte Wild zur

Plage für die Landwirtschaft wurde, wagten die Bauern des Dorfes Wehlen bei Pirna, dieser Wildplage in Selbsthilfe zu begegnen, was ihnen seit alters streng untersagt war. Die Bauern der Umgebung schlossen sich solch aufmüpfigem Vorgehen an. Anfang Juli trat in dem Städtchen Liebstadt im Osterzgebirge ein Seilermeister namens Christian Benjamin Geißler mit selbstverfaßten Aufrufen hervor, in denen der belesene, von den Gedanken der Französischen Revolution ergriffene Mann zur Erhebung gegen herrschende Übelstände aufrief. An der Spitze von 16 000 bis 18 000 Bauern wollte er den »teuersten Landesvater« von Pillnitz nach Dresden bringen, um im Verein mit ihm zu verändern, was im Land den kleinen Mann beschwerte: die Drangsalierung durch betrügerische Beamte, das Acciswesen, die Verbrauchssteuern, ungerechte Justizpraktiken und kirchliche Mißstände. Geißler wurde verhaftet und »als Narr« nach Torgau zur Verwahrung verbracht, von wo ihm 1809 die Flucht glückte. Seine letzten Jahre hat er in Liebstadt unter dem Schutz des Grundherrn Carl Adolf von Carlowitz verlebt.

Der eigentliche Bauernaufstand brach dann im August 1790 in der Gegend von Lommatzsch aus, wo die Bauern Frondienste verweigerten, entsandte Militäreinheiten entwaffneten und sich zum gewaltsamen Widerstand zusammenschlossen. Die Unruhen breiteten sich über das mittlere Erzgebirge aus, erfaßten das Vogtland, den Leipziger Raum und in einigen Ausläufern die Oberlausitz. Nahezu ein Zehntel aller Bauern in Sachsen nahm an dem Aufstand teil, der sich vorwiegend gegen die Rittergutsherrschaft richtete. An den bestehenden Verhältnissen auf dem Lande änderte dieser Aufstand freilich noch nichts. Im September fand die Bewegung ihr gewaltsames Ende, wobei die kursächsische Armee auf ausdrückliche Anordnung aus Dresden gemäßigt vorging. Es blieb in Sachsen bei einem revolutionären Wetterleuchten.

Die Auswirkungen der Französischen Revolution waren indes nicht allein innenpolitischer Art, auch außenpolitisch machten sich Reaktionen erforderlich. Der österreichische Kaiser und der preußische König wählten für den 25. August 1791 ausgerechnet Friedrich Augusts Lustschloß Pillnitz zum Ort einer Begegnung, auf der es um ein Defensivbündnis gegen Frankreich in Form einer Konvention ging. Diesem Bündnis schloß sich der Gastgeber aber nicht an. In einer Instruktion an alle kursächsischen Gesandtschaften an den auswärtigen Fürstenhöfen bekräftigte Friedrich August der Gerechte den Grundsatz seiner Regierung, »soviel als möglich im guten Einvernehmen mit allen Mächten Europas zu leben, überall die Aufrichtigkeit seiner Gesinnung zu beweisen, die Gerechtigkeit seiner Politik, in keiner Weise gerechten Anlaß zu Mißtrauen zu geben und, soweit es in seiner Macht steht, die Erhaltung der öffentlichen Ruhe und des allgemeinen Friedens zu gewährleisten, nur an Sicherheit und die Verständigung seiner Staaten sowie an die Erhaltung der deutschen Verfassung zu denken, sich in keine fremde Angelegenheit einzumischen, welche zu dem eben Erwähnten in Beziehung steht, hingegen solange wie möglich die genaueste Neutralität zu wahren und daher sich durch keinen formellen Vertrag zu binden, der ihn in die verschiedensten fremden Interessen hineinziehen könnte und sie dadurch der Fürsorge entfremdet, die er der Regierung seiner Staaten zuwendet«.

Diese langatmige und umständliche Beteuerung seiner politischen Absichten mochte dem wahrhaftigen Friedens- und Gerechtigkeitsstreben Friedrich Augusts entstammen. Seine Haltung bedeutete den weitgehenden Verzicht auf eine aktive Außenpolitik. Am Ersten Koalitionskrieg gegen Frankreich zwischen 1793 und 1796 beteiligte sich Sachsen mit einem Truppenkontingent, das von 6000 auf 10 000 Mann erhöht wurde, erklärte jedoch ausdrücklich, damit nicht als »Macht« gegen Frankreich aufzutreten, vielmehr seiner Verpflichtung gegenüber dem Reich, das den Krieg gegen das revolutionäre Frankreich beschlossen hatte, nachzukommen.

In napoleonischer Gefolgschaft

Wir haben eingangs die politischen Umstände erörtert, die 1806 zum Beitritt Friedrich Augusts des Gerechten zum Rheinbund und zur Umbenennung des Kurstaates in Königreich Sachsen führten. Friedrich August, als sächsischer König nunmehr der Erste, erhielt ein Jahr später von Napoleon noch eine weitere Würde, die eines Herzogs von Warschau.

Fünfzehn Jahre zuvor, als ihm die polnische Adelsrepublik auf der Grundlage einer neuen Verfassung von 1791 das erbliche Königtum für sein Haus angeboten hatte, war Friedrich August nicht bereit gewesen, nach der Krone zu greifen, die sein Urgroßvater und sein Großvater getragen hatten. 1807 ließ ihm der Wunsch Napoleons keine Wahl. Bereits im November 1807 besuchte der sächsische König sein neues Herzogtum. Es war nach französischem Vorbild in sechs Departements eingeteilt. Als Bürgerliches Gesetzbuch galt der »Code Napoleon«. Nach dem Frieden von Preßburg 1809 vergrößerte der Kaiser das polnische Herzogtum seines sächsischen Verbündeten noch um Neugalizien, das er sich von Österreich abtreten ließ, und erhob es zum Großherzogtum Warschau. So kam es letztmalig zu einer Neuauflage der sächsisch-polnischen Union, die vom Bestand der französischen Hegemonialmacht abhing und mit deren Zusammenbruch folgerichtig endete.

Sachsen, das alte Kurfürstentum und neue Königreich, wurde in seinen feudalen und bürokratisch-absolutistischen Strukturen durch die napoleonischen Umwälzungen selbst aber nicht betroffen. Die Notwendigkeit zur Staatsreform wie in Preußen und in gewisser Weise in den süddeutschen Staaten bestand für Sachsen nicht. Preußen hatte in der Katastrophe von 1806 den Zusammenbruch seines alten Systems erlebt und war dadurch zu den Stein-Hardenbergschen Reformen gezwungen. Bayern, Baden, Württemberg, Hessen-Darmstadt und die nassauischen Fürstentümer waren in ihrem territorialen Bestand durch Napoleon verändert worden und mußten auf dem Weg bürokratisch-obrigkeitlicher Reformen neu geordnet werden. Von solchen Zwängen blieb Sachsen verschont. Dabei hätte seine im Vergleich mit anderen deutschen Ländern fortgeschrittenere gewerbliche Wirtschaft und sein stärker ausgebildetes bürgerliches Element einer Weiterentwicklung der Formen des staatlichen Zusammenlebens durchaus bedurft.

Ein zweites Mal in seiner Geschichte nach der Blütezeit des Silberbergbaus wurde Sachsen am Beginn des 19. Jahrhunderts das wirtschaftlich führende deutsche Territorium. »In Sachsen war es zuerst gelungen, in einem Produktionszweig — in der Baumwollspinnerei — den Kernprozeß der Industriellen Revolution, die totale Mechanisierung der Hauptfertigungsprozesse, durchzusetzen und zu vollenden« (Rudolf Forberger). Durch Nutzung der Wasserkraft im sächsischen Erzgebirgsraum kam es schon um 1800 zur Gründung von Baumwollmaschinenspinnereien mit Wasserantrieb der Maschinerien. Dieser Zweig stellte in Sachsen ebenso wie in England die Pilotindustrie der Industriellen Revolution dar. 1807 existierten schon zwei sächsische Maschinenfabriken, nämlich die von Evan Evans in Dittersdorf bei Zschopau und die von Irmscher in Chemnitz, deren Produktionsmechanismen zum größten Teil durch Wasser angetrieben wurden. Die Werkzeugmaschine übernahm Funktionen der menschlichen Arbeitskraft und steigerte enorm die Arbeitsproduktivität, ja ermöglichte Massenproduktion. So konnte die Industrie die Landwirtschaft als herrschenden Wirtschaftszweig ablösen. Die Entwicklung vom Agrarstaat zum Industriestaat war eingeleitet. Napoleons Kontinentalsperre gegenüber England hat den Prozeß der Industrialisierung in Sachsen zwar gehemmt, andererseits aber der sächsischen Textilindustrie eine Blütezeit beschert, weil die englische Konkurrenz vom Kontinent ferngehalten wurde.

Als sich die Ära des Korsen schließlich neigte, war die Lage Sachsens alles andere als vorteilhaft. Hohe steuerliche Belastungen durch Kriegskontributionen und andere abgenötigte Leistungen für die Versorgung der fremden Truppen zerrütteten die Wirtschaft des Landes, das sich hilflos dem Würgegriff der französischen Okkupation ausgesetzt sah. Die Entschlußschwäche Friedrich Augusts des Gerechten beschwor das Verhängnis über Sachsen herauf. Nach der Niederlage Napoleons in Rußland liebäugelte der Sachsenkönig zunächst mit einem Status der bewaffneten Neutralität für sein Land, in Anlehnung an Österreich und Bayern. Er begab sich im Frühjahr 1813 über Plauen nach Regensburg und von dort nach Prag. Sachsen wurde unterdessen von den verbündeten Preußen und Russen besetzt. Napoleon, sobald er mit eilig ausgehobenen neuen Verbänden wieder auf dem Kriegsschauplatz in Sachsen erschien, vermochte nach seinem Sieg bei Großgörschen Anfang Mai die Alliierten zum Rückzug zu zwingen. Nun befand sich das Land Friedrich Augusts des Gerechten wieder in der Hand des Kaisers, und dieser forderte seinen Verbündeten ultimativ zur Rückkehr nach Sachsen auf. Der noch schwankende König hoffte in Prag auf eine verbindliche Bündniszusage Österreichs, fühlte sich aber durch das Ausbleiben des österreichischen Bevollmächtigten Graf Stadion, der sich mit Krankheit entschuldigen ließ, so verunsichert, daß er dem Drängen Napoleons nachgab und nach Dresden zurückkehrte. Von diesem Zeitpunkt an war er mit seiner Person für Napoleon zum Faustpfand geworden. Die Chance zur Entscheidung, sich mit seinem Land der nationalen Erhebung gegen die Fremdherrschaft anzuschließen, war vertan. Das sollte sich für Sachsen bitter rächen.

Als der Kaiser der Franzosen nach der verlorenen Völkerschlacht bei Leipzig den Ort seiner Niederlage fluchtartig verließ, stand der König von Sachsen mit seinem Gefolge ratlos auf dem Leipziger Markt. Grußlos ritten der Zar und der preußische König an ihm vorbei. Friedrich August der Gerechte wurde als Gefangener nach Schloß Friedrichsfelde bei Berlin gebracht.

Der Wiener Kongreß

Die Neuordnung Europas nach den mehr als zwei Jahrzehnten revolutionärer Erschütterungen und der Kriege war das Ziel der Verhandlungen auf dem Wiener Kongreß in den Jahren 1814 und 1815. Europa sollte ein Friedensreich werden, in dem Konflikte künftig nicht mehr durch Kriege, sondern durch Kongresse geregelt würden. Der neue Rechtszustand hatte das Legitimitätsprinzip zur Grundlage, war also im dynastischen Sinne restaurativ. Freiheit und Selbstbestimmung der Völker fanden in dieser Friedensordnung keinerlei Berücksichtigung. Die vier Siegermächte über Napoleon – Preußen, Rußland, Österreich und England – und das wieder von den Bourbonen regierte Frankreich klügelten in zähem diplomatischem Ringen eine Balance ihrer Machtinteressen aus, ein neues europäisches Gleichgewicht, das dann tatsächlich eine lange Periode der Stabilität zur Folge gehabt hat.

Zum Zankapfel des Wiener Kongresses wurden die bis dahin vom König von Sachsen regierten Territorien, das Königreich Sachsen selbst und das Großherzogtum Warschau; sie wurden als eroberte Gebiete betrachtet. Der Zar wollte das von seinen Truppen besetzte Polen in Personalunion mit Rußland verbinden, und Preußen forderte Sachsen als »Kriegsbeute«, um es dem eigenen Staat einzuverleiben.

Der Außenminister Frankreichs, Charles Maurice de Talleyrand, der schon im Dienste Napoleons gestanden hatte, widersetzte sich geschickt den preußischen Annektionsplänen, da er im Interesse der Bourbonen ja den Grundsatz der Wiederherstellung früherer Zustände, die »Restauration«, vertreten mußte. Die Forderung nach einer Bestrafung Sachsens für seinen Verrat, weil der König von Sachsen nicht rechtzeitig auf die Seite der Verbündeten übergetreten war, konterte Talleyrand spitz mit der Bemerkung, Verrat sei offenbar eine Frage des Datums. Die französische Position gewann einen Verbündeten in der öffentlichen Meinung Englands, wo man auf die Bedrohung einer »kleinen Nation«, in diesem Falle Sachsens, aufmerksam wurde. Österreich, dessen Außenpolitik Klemens Lothar Wenzel von Metternich leitete, mußte sich nach einigem Schwanken sagen, daß ihm an einem Heranrücken Preußens an die eigenen Grenzen nicht gelegen sein konnte. Außerdem kam es durch Parteinahme für Sachsen in die Rolle einer Schutzmacht für die deutschen Klein- und Mittelstaaten.

Nachdem Preußen und Rußland sich mit ihren Forderungen gegen Frankreich, England und Österreich nicht durchzusetzen vermochten, unterbreiteten sie den Vorschlag, den sächsischen König für den Verlust seines Landes zu entschädigen: Friedrich

August sollte auf dem linken Rheinufer ein Herrschaftsgebiet mit ca. 700 000 Einwohnern erhalten. Doch auch damit stießen sie nicht auf Gegenliebe. Die sächsische Frage führte in eine ernste Krise der Kongreßverhandlungen. Das Zustandekommen eines Ausgleichs war dann in besonderer Weise das Werk des englischen Außenministers Marquess of Castlereagh. Im Ergebnis dieses Ausgleichs waren folgende Länderteilungen vorgesehen: Sachsen mußte 58 Prozent seines früheren Staatsgebietes mit 42,3 Prozent seiner Einwohner abtreten, woraus Preußen im wesentlichen die Provinz Sachsen bildete. Polen erfuhr seine vierte Teilung innerhalb eines halben Jahrhunderts. Das sogenannte Kongreßpolen fiel an den Zaren, andere polnische Landesteile kamen zu Österreich und Preußen.

Friedrich August der Gerechte, der bis zur Einigung über das künftige Schicksal seines Landes in preußischer Gefangenschaft geblieben war, durfte sich nun nach Preßburg begeben. Dort legte man ihm den von den Großmächten ausgehandelten Abtretungsvertrag vor. Welcher Spielraum für eine Entscheidung blieb ihm? Er ließ ständische Deputierte der Kreise und Provinzen und hohe Staatsbeamte kommen, um sie nach ihrer Meinung zu befragen. Am 18. Mai 1815 unterzeichnete er die Teilungsurkunde für sein Land. Am 22. Mai verzichtete er in Schloß Laxenburg bei Wien auch auf das Großherzogtum Warschau und entband seine bisherigen polnischen Untertanen von ihrem Treueid. Er trat dem Bündnis gegen den aus Elba zurückgekehrten Napoleon bei und vollzog schließlich seinen Beitritt zu der auf dem Wiener Kongreß beschlossenen Deutschen Bundesakte. Damit wurde das arg verkleinerte Königreich Sachsen Mitglied des Deutschen Bundes, einer Föderation aus 39 — dann 41 — souveränen deutschen Staaten und Städten, deren einziges Organ ein Gesandtenkongreß war, Bundesversammlung genannt, später Bundestag. Dieser

Staatenbund mit einigen bundesstaatlichen Elementen blieb, was erstaunlich genug erscheint, für ein halbes Jahrhundert ein Instrument der Friedensbewahrung für Deutschland und Europa.

Welche Figur machte Friedrich August der Gerechte in dieser Krise der sächsischen Geschichte, die wir eine der schwersten nennen können, die Sachsen zu durchleben hatte? Die Gräfin Thürheim wußte in Wien eine rührende Geschichte über den gedemütigten Sachsenkönig zu erzählen:

»Inmitten dieser glänzenden und galanten Prinzen verbarg sich demütig und bescheiden Friedrich August I., König von Sachsen, ein Opfer seiner Bündnistreue für Napoleon. Des größten Teiles seines Landes verlustig, seiner Generäle und Soldaten beraubt, suchte er Gerechtigkeit oder wenigstens Trost im Gebet. Die Besucher der Messe und Vesper konnten ihn häufig im Stephansdome in einem Winkel kniend finden, den König der Welten anflehend, ihm die nötige Geduld zu verleihen, um die Intrigen der Könige der Erde ohne Murren über sich ergehen zu lassen. Eines Abends besuchte die Gräfin Hatzfeld, eine sächsische Dame, zur Zeit des Englischen Grußes den Dom und fand alle Bänke besetzt. Ihr Lakai, das Gebetbuch der Herrin in der Hand, näherte sich einem unscheinbaren Manne und bot ihm eine Kupfermünze für den Platz an. Der Mann rührte sich nicht, worauf die Gräfin ihrem Bediensteten befahl, ein Silberstück zu geben. Die verheißene Belohnung aber hatte wieder den gleichen Erfolg. Zornig über den Eigensinn des Betbruders, wollte die Gräfin gerade ihren Namen nennen und sich damit ihr vermutliches Recht verschaffen, als ihr die Worte versagten. Sie hatte ihren König erkannt« (Der Wiener Kongreß in Augenzeugenberichten, Düsseldorf ^{3}1965).

Am 7. Juni 1815 kam Friedrich August der Gerechte nach Dresden zurück. Der Rat zu Dresden hatte seine Ankunft mit der

Bekanntmachung angekündigt: »Friedrich August kehrt nach langer Trennung in seine Residenz zurück, er unser Vater, unser geliebter König wird wieder unter uns sein.«

Seit dem 9. Dezember 1813 hatte in Dresden zunächst der russische Fürst Repnin-Wolkonski als »General-Gouverneur der Hohen Verbündeten Mächte« die Verwaltung des Königreichs geleitet. Unter ihm war in Dresden ein Staatstheater gegründet und eine Lehranstalt für Medizin und Chirurgie eröffnet worden. Er hatte den Großen Garten renovieren und für die Öffentlichkeit zugänglich machen lassen. Auch die Treppe zur Brühlschen Terrasse entstand in der Zeit seiner Administration. Aber im November 1814 war die Landesverwaltung an Preußen übergegangen, und eine 2500 Mann starke preußische Garnison hatte das Bewußtsein der Erniedrigung unter den Einwohnern verbreitet. So begrüßten die Dresdner nach einer Zeit der Leiden, Verbitterungen und Befürchtungen den heimkehrenden König mit unbeschreiblichem Jubel. Die Mehrheit des Volkes war für die Selbständigkeit Sachsens, für das eigene Land und für die angestammte Dynastie des Hauses Wettin. Am Pirnaischen Schlage war dem König eine Ehrenpforte mit der Inschrift »Salve Pater Patriae« (Sei gegrüßt Vater des Vaterlandes) errichtet worden. Gruppen weiß- und grüngekleideter Mädchen winkten Friedrich August zu, Bürgerdeputationen und Männerchöre begrüßten ihn. Unter Glockengeläut und Kanonendonner zog der König wieder in Dresden ein.

Die sächsische Armee hatte bis 1813 eine weiße Kokarde geführt. Ein königliches Reskript ordnete nach der Rückkehr Friedrich Augusts an, künftig solle eine »neue Kokarde von weißer Farbe mit grünem Rande . . . zur Belebung des Nationalsinnes und als äußeres Zeichen der Eintracht« getragen werden. Weiß und Grün galten fortan als sächsische Landesfarben.

In den enger gewordenen Räumen des staatlichen Zusammenlebens wurde der Drang nach Reformen nach 1815 eher gedämpft als ermutigt. Ein altes, gewachsenes Staatsgefüge war in seinen Lebenszusammenhängen mit militärischem Sachverstand verstümmelt worden. Man tat sich in Sachsen schwer, mit den neuen Verhältnissen zurechtzukommen. Die Dissonanzen im Lebensgefühl blieben lange. Die Regierungsform des alternden Friedrich August war spätabsolutistisch und paternalistisch, Ancien régime in der Metternichschen Restaurationsära. Aber man hat in Sachsen diesen König doch geachtet und sogar verehrt als Integrationsfigur der erhaltengebliebenen staatlichen Selbständigkeit. Freilich war Sachsen zu einem deutschen Mittelstaat von geringer politischer Ausstrahlung herabgesunken. Als eine gekrönte Amtshauptmannschaft hat der Demokrat Hermann Joseph das kleine Königreich bespöttelt. Aber was dem Land an ehemals politischer Bedeutung verlorengegangen war, vermochte es an wirtschaftlicher, sozial-kultureller, wissenschaftlicher und künstlerischer Bedeutung im 19. Jahrhundert erneut zu gewinnen.

Konstitutionelle Monarchie

Im Abklingen der noch einmal restaurierten Verhältnisse schlug die Stunde des Biedermeier. Die Zeit der politischen Restauration, so widersprüchlich uns das vorkommen mag, ist auch als eine halkyonische Zeit erlebt worden, d. h. eine Zeit glücklicher, friedlicher Ruhe. Zwar wurde in Sachsen wie überall im Deutschen Bund ein repressives Überwachungssystem eingeführt, aber es kam hier zu keinen Demagogenverfolgungen. In Anspielung auf den allmächtigen Premierminister Detlev Graf Einsiedel, der in den Altersjahren Friedrich Augusts I. die Regierungsgeschäfte führte, nannte ein witziger Franzose Sachsen eine Einsiedelei.

Die beängstigende politische Windstille dieser Friedenszeit mit ihrer Stagnation in allen öffentlichen Angelegenheiten begünstigte oder bewirkte die biedermeierliche Abwendung von der Politik, die Hinwendung zum Privaten, Familiären, zur Einhausung in harmonische Innerlichkeit. Die Kultur gewann eine eigene Sphäre und verbürgerlichte. Zirkel und Vereine entstanden als Formen gesellschaftlicher Selbstorganisation in politischer Unschuld. Selbst das Leben am Hof, wo ansonsten wieder streng auf französisch-spanische Etikette geachtet wurde, blieb von biedermeierlichen Lebensformen nicht unberührt. Namentlich die Prinzen Friedrich August und Johann, Neffen des Königs und Söhne seines Bruders Maximilian, paßten sich in ihrem persönlichen Lebensstil dieser bürgerlich geprägten Kultur an. Prinz Johann war vom Herbst 1826 an Initiator eines Kreises von Künstlern und Gelehrten, einer Abendgesellschaft im biedermeierlichen Stil, in deren Diskursen sich künstlerisch-literarischer Sinn mit nüchterner Wertschätzung der Erfahrungswissenschaften verband.

Bedeutende Vertreter des bürgerlichen Geisteslebens in Dresden wie Carl Gustav Carus, der Romanist Karl Förster, der Botaniker Reichenbach, der Bibliothekar Ebert, der Topograph Lohrmann, der Dichter Ludwig Tieck und sogar der Mineralwasserfabrikant Struve haben an dieser Abendgesellschaft beim Prinzen Johann teilgenommen, die zu einer charakteristischen Erscheinung der damaligen Zeit in Sachsen wurde. So bürokratisch-verknöchert die alte Ordnung auch in sich zu beharren schien, in Dresden war man für geistige und künstlerische Anregungen um so offener. Es waren die besten Jahre Carl Maria von Webers,

Caspar David Friedrichs und Ludwig Tiecks, wie sehr sie sich auch an den Dresdner Verhältnissen gerieben haben. Denn Herzlichkeit und Sanftmut, die der Biedermeier nach seinem äußeren Wesen zur Schau trug, verbargen nicht selten den bedenklichen Hang zu philiströser Beschränktheit, bürokratischer Hohlheit und innerer Unsicherheit, die auch bedrohliche Reaktionen zu zeigen imstande war.

Die sich verschärfenden gesellschaftlichen Gegensätze wurden in der ersten Phase der Industriellen Revolution in Sachsen, die man bis 1830 rechnet, politisch noch weitgehend von der Restaurationszeit überdeckt. Rudolf Forberger hat nachgewiesen, daß im Zeitraum von 1800 bis 1830 in Sachsen wenigstens 190 Fabriken gegründet wurden. Rund 12 000 Fabrikarbeiter bildeten eine proletarische Schicht, in der soziales Grollen anhob.

Am 5. Mai 1827 starb König Friedrich August I., um dessen Person sich sächsisches Nationalgefühl gerankt hatte. Sein in den Staatsgeschäften gänzlich unerfahrener zweiundsiebzigjähriger Bruder Anton, der ihm auf dem Thron folgte, war der Überzeugung, dem Land den besten Dienst dadurch erweisen zu können, daß er alles beim alten beließ. Aber das Verlangen nach Veränderungen begann sich nun doch lebhaft zu regen. Nach der Julirevolution in Frankreich kam 1830 das politische Leben in Sachsen zuerst in Bewegung. Der Unmut über das ständisch-altmodische System nahm bald schon revolutionäre Züge an. In Leipzig brachen am 2. September die ersten Unruhen aus. In Dresden folgte vom 9. zum 10. September der Aufstand. Das Rathaus wurde gestürmt und das Polizeihaus auf der Scheffelgasse demoliert. Das Bürgertum bildete Kommunalgarden, um eine Eskalation der revolutionären Ereignisse zu verhindern. Am 13. September trat das verhaßte Kabinett des Grafen von Einsiedel zurück. Zu Einsiedels Nachfolger wurde der liberale Politiker Bernhard von Lindenau berufen, ein Mann hoher Bildung und Kultur. König Anton willigte ein, seinen Neffen Friedrich August zum Prinz-Mitregenten anzunehmen und damit einem jüngeren Mitglied seines Hauses faktisch die Regierungsgeschäfte zu überlassen. Beide Ernennungen stießen in der Bevölkerung auf freudige Zustimmung.

Als bedeutendste Folge der revolutionären Ereignisse von 1830 in Sachsen ist die Ausarbeitung einer neuen Verfassung anzusehen. Diese Verfassung, mit der Sachsen 1831 zum konstitutionellen Staat wurde, fiel konservativer aus als manche der schon vorhandenen Verfassungen im Deutschen Bund. Sie stellte einen Kompromiß zwischen ständischem und repräsentativem Typ dar. Es blieb mühevoll genug, dem altständischen Landtag die Zustimmung zu der neuen Verfassung abzuringen.

Der König behielt nach der sächsischen Verfassung von 1831 die alleinige Souveränität, war jedoch in der Ausübung der Regierung künftig an die Mitwirkung der Minister und an die Entscheidungen der beiden Kammern der Ständeversammlung gebunden. Am 4. September 1831 trat die neue Verfassung in Kraft. Sie bildete den Anfang eines moderat fortschrittlichen Reformwerks, das bei allen Schwächen, die ihm anhafteten, zur Voraussetzung der weiteren Industrialisierung und zur Hebung des wirtschaftlichen Wohlstandes im Königreich wurde. Die gesetzgeberische Ausgestaltung der neuen Verfassungswirklichkeit hat dann noch Jahre intensiver Arbeit beansprucht. Die Staatsverwaltung, die Justiz, die Finanzen und das Bildungswesen wurden reformiert, die Bauern mit Hilfe einer Landrentenbank von feudalen Lasten befreit, dem Bürgertum wurde die kommunalpolitische Mitbestimmung zugestanden. Alle diese Maßnahmen setzten große Wirtschaftspotenzen frei und erwiesen sich für die Kultur des Landes, für das sächsische Kunst- und Geistesleben in besonderem Maße förderlich.

Revolution in Sachsen

Aus dem Jahr 1839 berichtet Carl Gustav Carus in seinen »Lebenserinnerungen und Denkwürdigkeiten«:

»Ferner darf ich nicht übergehen, daß dieses Jahr das erste wurde, welches eins der größten Phänomene aller Neuzeit, das Eisenbahnwesen, mir nahebrachte und verdeutlichte, indem die Bahn zwischen Leipzig und Dresden (nächst der Fürth—Nürnberg die erste Deutschlands), von welcher ich voriges Jahr in Leipzig nur ein kleines Stück durch eine Probefahrt kennengelernt hatte, nunmehr dem öffentlichen Verkehr übergeben worden war und nach und nach ihre Wunder entwickelte. In Wahrheit, die jüngere Welt wird es bald gänzlich vergessen haben, wie sonderbar, fremdartig und geradezu dämonisch dieses große Verkehrsmittel damals ins Leben trat!«

Was der deutsche Nationalökonom Friedrich List mit seiner 1833 in Leipzig erschienenen Schrift »Über ein sächsisches Eisenbahnsystem als Grundlage eines allgemeinen deutschen Eisenbahnsystems« konzipiert hatte, begann mit der Eröffnung der ersten deutschen Fern-Eisenbahnverbindung zwischen Dresden und Leipzig Wirklichkeit zu werden. Hinter dem Zug, in dem in einem eigens dafür geschmückten Wagen der König und Mitglieder des sächsischen Herrscherhauses Platz genommen hatten, fuhr Johann Andreas Schubert mit der von ihm gebauten ersten deutschen Lokomotive »Saxonia« her. Der Zug wurde noch von einer englischen Lokomotive gezogen. Aber der junge Professor, der in Übigau bei Dresden, in der von ihm geleiteten Maschinenbau-Aktiengesellschaft, auch das Dampfschiff »Königin Maria« gebaut hatte, machte doch nachhaltig auf die Leistungen des sächsischen Ingenieurwesens aufmerksam.

Die Industrielle Revolution war in Sachsen in ihre zweite Phase getreten und setzte sich in den Leipziger Buchdruckereien beispielhaft durch. Die Erfindung der Gießmaschine, die Einführung der Schnellpresse und des Zweifarbendrucks eröffneten ein neues Zeitalter der Buchproduktion. Es war auch von vorausweisender Bedeutung, daß Sachsen zu den 18 deutschen Staaten gehörte, die am 1. Januar 1834 den Deutschen Zollverein gründeten.

Trotz der auf wirtschaftlichem Fortschritt stehenden Zeichen der Zeit sah sich Prinz Johann, der spätere König, gegenüber einem amerikanischen Briefpartner, Professor George Ticknor aus Boston, zu dem Seufzer veranlaßt: »Wir haben Bahnen und Dampfer gebaut, aber der öffentliche Geist ist nicht besser geworden.« Aus der Sicht des Prinzen war solcher Mißmut berechtigt. In Sachsen erstarkte die bürgerlich-liberale Opposition. Sie forderte Pressefreiheit, freie Vereinsbildung, eine Wahlreform, eine Reform des Gerichtswesens und die Trennung der Justiz von der Verwaltung. Zentren der liberalen Bewegung waren das Vogtland und die Messestadt Leipzig. Außerdem bildeten sich zwei religiöse Oppositionsströmungen, die evangelischen Lichtfreunde und die Deutsch-Katholiken, die in vielfältige Beziehungen zur demokratischen Bewegung traten, deren populärer Repräsentant Robert Blum in Leipzig war. Als Prinz Johann in Leipzig 1845 in seiner Eigenschaft als Generalkommandant der sächsischen Kommunalgarden eine Truppeninspektion durchführte, kam es zum Auflauf gegen ihn. Eine herbeibeorderte Schützenkompanie richtete mit scharfer Salve ein Blutbad unter der erregten Menge an. Für die Opposition diente dieser Gewaltakt zur propagandistisch wirkungsvollen Schuldzuweisung an den Prinzen, in dem man das Haupt der katholisch-reaktionären, ultramontanen Hofpartei zu erblicken meinte. Beweise, daß er für das Mordschießen verantwortlich zu machen war, sind indes nie erbracht worden.

1848 mobilisierte der Sieg der französischen Februarrevolution auch die demokratische Bewegung in Sachsen. Eine Bürgerversammlung in Leipzig unter Robert Blum und Arnold Ruge verlangte, eine Delegation der Leipziger Bürgerschaft zum König nach Dresden zu entsenden. Friedrich August II. empfing diese Leipziger Abordnung Anfang März in Audienz, lehnte aber ihre Forderungen ab. Diese wurden nun aber auch im übrigen Sachsen und in der Landeshauptstadt selbst erhoben. Sie bestanden in Presse- und Versammlungsfreiheit, allgemeinem Wahlrecht und der Abschaffung von Feudalrechten. Am 13. März 1848 gab König Friedrich August II., der seit 1836 den Thron innehatte, dem Druck der Volksbewegung nach. Er entließ die als reaktionär verschriene Regierung Könneritz und ernannte ein Kabinett aus Vertretern der gemäßigt liberalen Richtung unter dem Plauener Advokaten Dr. Alexander Karl Braun. Das Programm dieser ersten bürgerlichen Regierung in Sachsen verkündete Rede-, Versammlungs- und Koalitionsfreiheit. Daraufhin bildeten sich kleinbürgerlich-demokratische Vaterlandsvereine, Vereine des liberalen Bürgertums, der »Allgemeine Gesellenverein« und in Dresden der Arbeiterverein.

Ein Jahr später hatte das inzwischen gewählte Frankfurter Parlament in der Paulskirche eine Reichsverfassung ausgearbeitet, die von 28 deutschen Staaten angenommen wurde. Es herrschte in Deutschland wieder nationale Aufbruchsstimmung. Die Ablehnung dieser Reichsverfassung durch den sächsischen König, der es damit seinem preußischen Schwager Friedrich Wilhelm IV. gleichtat, ließ die Wogen des Zorns und der Empörung hochgehen. Als der im Dezember 1848 neugewählte Landtag, in dem die linken Demokraten deutlich an Einfluß gewonnen hatten, am 30. April 1849 vom König für aufgelöst erklärt wurde, erreichte die aufgebrachte Stimmung im Volk den Siedepunkt. Die Zurückweisung einer »Sturmadresse«, in der von Friedrich August II. nochmals die Zustimmung zur Reichsverfassung gefordert worden war, und die Nachricht, daß preußisches Militär zur Unterstützung der Regierung angefordert sei, führten in Dresden zum Aufstand. Das geschah am 3. Mai 1849. Am folgenden Tag verließ der König die Stadt und suchte mit seinen Angehörigen auf dem sicheren Königstein Zuflucht. Vom Balkon des Dresdner Rathauses wurde eine Provisorische Regierung mit Heubner, Tzschirner und Todt ausgerufen. Arbeiter, Handwerker und Intellektuelle, unter ihnen Richard Wagner, Gottfried Semper, Michael Bakunin und der Arbeiterführer Stefan Born, haben den Dresdner Aufstand, der zu den Höhepunkten der deutschen Revolution im 19. Jahrhundert gehörte, mit ihrem Aufopferungswillen getragen. Bis zum 9. Mai leisteten sie in schweren Straßenschlachten den preußischen Truppen Widerstand. Ihre Niederlage besiegelte das Scheitern einer großen Möglichkeit: Die Demokratie als deutsche Zukunftshoffnung hatte verloren. Dresden kehrte bald zu seinem alten Lebensstil zurück. Es war wieder die stille Stadt des Hofes und der Beamten, der Künste und des kultivierten Lebensgenusses.

Der Dante-Übersetzer auf dem Thron

Am 9. August 1854 verstarb König Friedrich August II. unerwartet. Bei Brennbichl in Tirol war er beim Sturz seines Wagens vom Schlag eines scheuenden Pferdes tödlich getroffen worden. Da er kinderlos starb, war die Thronfolge an Johann. Unter den gekrönten Häuptern in Deutschland des 19. Jahrhunderts konnte es schwerlich jemand mit diesem Wettiner an Ernsthaftigkeit und

Gediegenheit der wissenschaftlichen Bildung aufnehmen. Als er einmal mit Konstantin von Tischendorf den von diesem entdeckten Codex Sinaiticus mit dem Codex Vaticanus verglich, setzte er den Gelehrten durch die Sicherheit in Erstaunen, mit der er ursprachliche Textstellen aus dem Gedächtnis zu zitieren vermochte. Es hat Johann wohl insgeheim stolz gemacht, wenn ihn Männer der Wissenschaft als ihresgleichen anerkennen mußten. Gern zog er Kapazitäten der verschiedenen Wissensgebiete ins Gespräch.

Der Stern, der über Johanns Leben aufstrahlte und bis heute einen Abglanz auf seinen Namen wirft, hieß Dante Alighieri. Wie mannigfach Johanns Lebensweg auch in die politischen Zeitläufe des 19. Jahrhunderts verflochten ist, geblieben ist ihm vor allem der Ruhm, ein Botschafter des großen Florentiners im deutschen Sprachraum gewesen zu sein. Unter dem selbstgewählten Namen Philalethes, der Freund der Wahrheit, schuf er eine umfassende wissenschaftlich-kritische Übertragung des Weltkunstwerks der »Göttlichen Komödie« aus dem Italienischen ins Deutsche.

Das Dichten, Komponieren und Musizieren war unter den Mitgliedern des königlichen Hauses gang und gäbe. Aber man blieb damit in der Intimität des Hofes. Eine Ausnahme machte Prinz Maximilians älteste Tochter Amalie. Nachdem sie mit ihrem Stück »Der Krönungstag« als Autorin A. Heiter anonym auf dem Dresdner Hoftheater an die Öffentlichkeit getreten war, kam ihr die sonst von der Familie gewahrte Zurückhaltung abhanden, und ihre Gesellschaftslustspiele fanden Eingang ins Repertoire der deutschen Hoftheater von Potsdam bis Wien. Hofrat Tieck hatte in Dresden als Dramaturg mit der fürstlichen Dichterin seine liebe Not und erinnerte sich noch 1847 in einem Brief daran, daß er Amalie, so viel es der Anstand erlaubte, angedeutet habe, ihre Stücke seien schwächere Iffländische.

Prinzessin Amalie übersetzte auch, und ihre Lieblingssprache war das Spanische. Darüber hinaus hat sie sich, besonders in jüngeren Jahren, auf kompositorischem Gebiet befleißigt und nicht weniger als zehn Opern vertont. Als 1828 Prinz Albert geboren wurde, der älteste Sohn ihres Bruders Johann, schuf Amalie aus Freude über das Familienereignis zusammen mit dem glücklichen Vater eine »Dresdner Localposse in einem Acte«, »Der Kanonenschuß« betitelt. Im Gartenpalais auf der Langegasse wurde das kleine Werk am Abend des 9. Juni 1828 zur Aufführung gebracht. Höfisches Biedermeier in Dresden.

Marie Börner-Sandrini erwähnt in ihren »Erinnerungen einer alten Dresdnerin« (Dresden 1876), daß Prinz Friedrich August — »nachher Se. Maj. König Friedrich August II.« — mit einer angenehmen Baßstimme und anmutiger Vortragsweise begabt gewesen sei. Wohlwollende Zeitgenossen rühmten Bildungsstreben und Kunstfreudigkeit der Königsfamilie, so Wilhelm von Lüdemann, der unter dem Verfasser-Pseudonym Ernst Scherzlieb 1830 in seinem Buch »Dresden wie es ist« berichtet: »Ich könnte Euch aus diesem Kreise Gelehrte, welche noch immer mit regem Eifer zu lernen streben, Dichter und Dichterinnen, die der Lorbeer zieren würde, Künstler in ihrer Bescheidenheit ausgezeichnet, einen Prinzen, der noch in Mannesjahren das versäumte Studium der Griechen nacherwirbt, einen andern, der Botaniker und Naturkundiger ist, eine Prinzessin, die gefühlvolle Dramen, und eine andere, die treffliche Musiken erfindet, nennen; doch ihre gemeinsame Bescheidenheit wehrt dem vorlauten Wort. Solche Fürsten sind der Stolz und die Freude der Nationen.«

Der Botaniker und Naturkundige ist in der Aufzählung nicht vergessen. Gemeint ist Friedrich August II., der sich als Prinz und noch als König ein bedeutendes Wissen über einheimische und ausländische Flora erwarb, das er durch Forschungsreisen zu bereichern suchte und in gelehrten Arbeiten niederlegte. Seine naturkundliche Leidenschaft ist dem Pillnitzer Schloßpark zugute gekommen, was 1833 wohl zu dem Bonmot Veranlassung gab, die sächsische Dynastie wurzle nicht im Volk, sondern im Park von Pillnitz.

Im Herbst 1821 entdeckte Prinz Johann auf seiner gemeinsam mit Prinz Clemens unternommenen Bildungsreise nach Italien in einer Straßenbude in Pavia die ihm bis dahin vermutlich unbekannte Divina Commedia in der dreibändigen Ausgabe von Biagioli (Mailand 1820) und erwarb sie. Noch während der Reise begann er mit der eingehenden Lektüre und war bei seiner Rückkehr nach Dresden Ende März 1822 schon durchs »Inferno« gelangt. Bis an sein Lebensende ließ ihn das Werk des großen Florentiners nicht wieder los.

Johanns besondere Vorliebe galt der Geschichte. Gemeinsam mit seinem Bruder Friedrich August stand er dem Sächsischen Verein für Erforschung und Erhaltung vaterländischer Altertümer zu Dresden (Altertumsverein) seit dessen Gründung im Jahr 1825 vor. Daß im Umkreis seiner historischen Interessen der Kirchengeschichte die früheste Zuneigung gehörte, hat zusammen mit der katholischen Grundhaltung ganz sicher Johanns Annäherung an Dante begünstigt.

Schmeichelhaft ist das Bild, das der Dichter Jean Paul gewann, als er den Prinzen kennenlernte. Sein vielzitiertes Wort hat Karl Förster überliefert. Unter dem 11. Juni 1822 erfahren wir aus Försters Aufzeichnungen über Jean Pauls Aufenthalt in Dresden: »Prinz Johann hatte den Freund nach Pillnitz einladen lassen, er stieg bei der Rückkehr bei uns ab . . . Über seinen Besuch in Pillnitz äußerte er: › die Welt muß einem immer lieber werden, da es darin Prinzen von solchem Geiste, Kenntnissen und Gesinnungen giebt, wie ich heute einen kennen und lieben lernte ‹.«

Von der den Kosmos der mittelalterlichen Welt durchstrahlenden ethischen Intention des Danteschen Weltgedichts ist Johann vor allem berührt worden. Sittliches Fundament seiner eigenen Lebenshaltung war die Verantwortung des Menschen für sein geschichtliches Handeln vor dem göttlichen Gericht, das Dante ja unvergleichlich besungen hat.

Aus Johanns biedermeierlicher Abendgesellschaft, von der bereits die Rede war, entstand seine kleine »Accademia Dantesca« oder »Societé Dantesca«, sein »Areopag«, wie er ironisch sagte, mit Carus, Förster, Breuer, Baudissin und Tieck als Beteiligten. Dieses Dante-Komitee tagte von 1832 an während einiger Sommer im Wachwitzer Weinberg, wo der Kunsthistoriker Karl Friedrich von Rumohr eine Villa gemietet hatte; später, wie die Lebenserinnerungen von Förster und Carus bezeugen, im Chinesischen Pavillon des Parks von Pillnitz, dort seit 1839. In den Wintermonaten kam man im Palais des Prinzen in der Stadt zusammen. Im Kreis seiner sachverständigen Freunde holte sich der Prinz Rat, Kritik und Anregung für sein Übersetzungswerk und den profunden wissenschaftlichen Erklärungsteil, den er dem Gedicht beigab.

1833 erschien der erste Teil der Dichtung, die »Hölle«, in der Übersetzung und Kommentierung von Philalethes (Johanns Pseudonym) in der Arnoldschen Verlagsbuchhandlung, 1839 in vermehrter Auflage. 1840 folgte »Das Fegefeuer« und 1849 »Das Paradies«. 1865/66 übernahm der Verlag B. G. Teubner in Leipzig das Werk, um eine wohlfeilere Ausgabe herauszubringen. Diese ist 1868 schon abermals aufgelegt worden. Dann sind 1873 und 1877 Neuauflagen erschienen. Auch in unserem Jahrhundert wurde die Übersetzung Johanns noch nachgedruckt.

Johann hat in ruhigen Jahren seines Lebens auch fast den ganzen Homer auswendig gelernt. Sein Rittergut Jahnishausen bei

Riesa und dann besonders Schloß Weesenstein boten die willkommenen Refugien zu solch beschaulicher Bildungslektüre. Er war in Weesenstein 1854 gerade mit Vergils Georgica beschäftigt, als die Nachricht vom plötzlichen Tod seines Bruders Friedrich August eintraf. Unerwartet sah er sich vor die Aufgabe gestellt, die Regentschaft zu übernehmen.

Mit der Auflösung des Heiligen Römischen Reiches Deutscher Nation war das Reich als politische Wirklichkeit zwar vergangen, aber der Reichsgedanke erwachte im 19. Jahrhundert neu und hat in der politischen Geschichte des Jahrhunderts dann eine große Dynamik entwickelt. Was nicht mehr wirklich war, wirkte um so mächtiger auf die Wirklichkeit. Der Weg zum deutschen Nationalstaat ist das vielleicht am leidenschaftlichsten umstrittene Thema der Zeit gewesen.

Johanns Regierung seit 1854 ist von der deutschen Frage wesentlich mit geprägt worden. Er hat zusammen mit seinem Minister Friedrich Ferdinand von Beust um eine Politik des Deutschen Bundes gerungen, die auf der Bahn ruhigen Fortschritts, wie Johann das nannte, den deutschen Staatenbund der vielen Vaterländer zum Bundesstaat entwickeln sollte.

In einem Aufsatz »Zum Verständnis von einem Konservativen« schrieb er 1853: »Auch wir Konservativen wünschen ein freies, mächtiges und einiges Deutschland; auch wir wollen von dem schwankenden Boden des Staatenbundes in die engere Verbindung des Bundesstaates übergehen ... Wenn aber mehrere selbständige, in einem völkerrechtlichen Verbande lebende Staaten ein innigeres Bündnis schließen wollen, so kann es nach allen Grundsätzen des öffentlichen Rechts nur durch eine neue Übereinkunft dieser Staaten erfolgen.«

Das streng von den gegebenen Rechtsverhältnissen ausgehende Denken Johanns war seine Stärke und Schwäche zugleich.

Gegenüber dem wachsenden preußischen Machtbewußtsein der »neuen Ära« geriet der nur aufs Recht setzende König in eine tragische Rolle: Die deutsche Frage sollte nicht durch Recht, sondern durch Macht gelöst werden, durch Bismarcks »Revolution von oben«.

Johann schwebte, wie das in einem Brief an Ticknor zum Ausdruck kommt, die Lösung des deutschen Verfassungsproblems in Anlehnung an das Vorbild der amerikanischen Unionsverfassung vor. Auf keinen Fall wollte er auf Österreichs Mitwirkung verzichten, schon aus Anhänglichkeit an das alte Kaiserhaus nicht, das ihm wohl noch immer die Reichsidee verkörperte.

1863, als Kaiser Franz Joseph die deutschen Fürsten zum Fürstentag nach Frankfurt am Main lud (Österreich war Präsidialmacht des Deutschen Bundes), um eine Reform des Bundes durchzusetzen, war eine andere als die dann eingetretene Wendung der deutschen Dinge noch einmal möglich.

Im Auftrag der versammelten Fürsten begab sich König Johann nach Baden-Baden, um Wilhelm zur Teilnahme in Frankfurt zu bewegen. Die königlichen Damen, Augusta aus dem Hause Sachsen-Weimar, die Großherzogin von Baden und Königin-Witwe Elisabeth, Johanns Schwägerin, unterstützten die Mission Johanns. Es kam zu der dramatischen Auseinandersetzung zwischen dem preußischen König und seinem Ministerpräsidenten Bismarck, die gegen Mitternacht damit endete, daß Wilhelm unter Weinkrämpfen die Absage nach Frankfurt unterschrieb. Regierungsrat Zittelmann sah Bismarck die Tür aufreißen, ein riesiges Waschgefäß ergreifen und zu Boden schmettern.

Wäre Wilhelm nach Frankfurt gefahren, dann wäre Bismarck zurückgetreten — und die Geschichte hätte einen anderen Weg genommen. Aber Johann reiste unverrichteter Dinge aus Baden-Baden ab.

Die letzte Gelegenheit zu einer liberalen Lösung des deutschen Problems war verstrichen. Fortan war mit dem Vielvölkerstaat Österreich, der seine eigenen Probleme hatte, keine nationale Lösung der deutschen Frage mehr zu erreichen, mit Preußen hingegen keine liberale mehr.

Und während der rechtsgelehrte König von Sachsen noch über die ideale deutsche Lösung nachdachte, stieg am politischen Horizont übermächtig der Schatten der Bismarckschen Gewaltlösung von 1866 und 1870/71 auf.

Im Deutschen Reich

Im preußisch-österreichischen Hegemonialkrieg stand Sachsen 1866 auf österreichischer Seite. Preußens Sieg bei Königgrätz am 3. Juli 1866 stellte das Fortbestehen des Königreiches Sachsen in Frage. Es hätte das gleiche Schicksal wie Hannover, Hessen oder Nassau erleiden können, die Bismarck damals Preußen einverleibte. Aber Kaiser Franz Joseph von Österreich machte die Erhaltung Sachsens zur conditio sine qua non für den Abschluß eines Friedensvertrages. Sachsen blieb formal selbständig, mußte aber dem Norddeutschen Bund beitreten, dessen Verfassung Preußen die volle Befehlsgewalt über die Mitgliedsländer gab. So wurde Sachsen bereits 1866 in das preußische System einbezogen und hörte auf, eine selbständige politische Rolle in Deutschland zu spielen. Im Deutsch-Französischen Krieg von 1870/71 war es nurmehr ein Anhängsel Preußens und wurde nach der Gründung des preußisch-deutschen Kaiserreichs deutsches Bundesland.

König Johann starb am 29. Oktober 1873. Ihm folgte sein Sohn Albert auf dem sächsischen Thron. Als Kronprinz hatte sich

Albert militärischen Lorbeer erworben und war 1871 vom Kaiser zum Generalfeldmarschall ernannt worden. In seiner Regierungszeit, die bis ins Jahr 1902 reichte, hat er im Rahmen der konstitutionellen Verfassung und der Befugnisse, die einem Bundesfürsten des Bismarckreiches zustanden, eine überwiegend zivile Politik geführt. Für zwei Jahre folgte ihm 1902 sein bereits betagter Bruder Georg als König. Dessen Sohn Friedrich August III. bestieg 1904 als letzter regierender Wettiner den Thron. Der Historiker Karlheinz Blaschke urteilt über Friedrich August III., er habe »dem Hause Wettin einen guten Abgang aus seiner mehr als achthundertjährigen Regierungsgeschichte verschafft und in seiner Amtsführung wie auch in seinem menschlichen Auftreten angedeutet, daß sein Haus auch unter veränderten gesellschaftlichen Bedingungen eine für das Ganze sinnvolle Aufgabe wahrnehmen konnte«. An Volkstümlichkeit war dieser letzte König von Sachsen kaum zu überbieten, und mit seinem gesunden Humor ist er in der Erinnerung der Sachsen bis heute lebendig geblieben.

Auf dem nach der Landesteilung von 1815 Sachsen verbliebenen Staatsgebiet von ca. 15 000 Quadratkilometern lebte reichlich eine Million Menschen. Am Ende des 19. Jahrhunderts waren es infolge der rasanten Entwicklung knapp vier Millionen. In den industriellen Ballungsgebieten gewann die Sozialdemokratie ihre ersten Hochburgen. Man hat Sachsen zu Beginn des 20. Jahrhunderts das »rote Königreich« genannt. Die Fortschritte auf dem Gebiet des Verkehrs, des Nachrichten- und Zeitungswesens, der Wirtschaft, des Bankwesens, die 1861 verkündete Gewerbefreiheit — all das hob Sachsen in seiner Bedeutung auf eine Stufe, die weit über seiner politischen Größenordnung lag.

Die wettinisch-albertinischen Könige hatten durch den Verlust von mehr als der Hälfte ihres Landes 1815 den machtpolitischen Rückhalt für weitreichende Aktivitäten im nationalen oder gar europäischen Rahmen verloren. Die Konstitution von 1831 grenzte ihr Amt verfassungsmäßig ein; aus dem König »von Gottes Gnaden« wurde ein Staatsorgan. Die wesentliche Aufgabe, die den Wettinern im 19. Jahrhundert verblieb, war von der Tradition einer großen geschichtlichen Kulturleistung bestimmt.

Der letzte Kronprinz von Sachsen wurde nach dem Ende der Monarchie Priester. Als Jesuitenpater nahm er aktiv an der »Una-Sancta-Bewegung« teil. Seine Gegnerschaft zum Nationalsozialismus setzte ihn der ständigen Überwachung durch die Gestapo aus. Am 14. Mai 1943 ist Pater Georg von Sachsen beim Baden im Großglienicker See in Berlin ertrunken.

Georgs nächstjüngerer Bruder Friedrich Christian, der als Chef des Familienverbandes wieder den Titel eines Markgrafen von Meißen führte, heiratete Prinzessin Elisabeth von Thurn und Taxis. Aus dieser Ehe gingen der heute am Genfer See lebende Prinz Maria Emanuel, Markgraf von Meißen, und sein jüngerer Bruder Prinz Albert hervor, ein promovierter Historiker, der in München lebt. In Kanada sind zwei Söhne des Prinzen Ernst Heinrich, eines weiteren Sohnes Friedrich Augusts III., ansässig: Dedo und Gero von Sachsen. Ihre Mutter war Prinzessin Sophie von Luxemburg.

Maria Emanuel Herzog zu Sachsen und seine Frau, Prinzessin Anastasia-Louise von Anhalt, sind ebenso wie Dr. Albert Herzog zu Sachsen und dessen Frau Elmira dem Wiederaufbau des Landes Sachsen eng verbunden. Sie verstehen sich dabei besonders als Förderer sächsischer Geschichts- und Kulturpflege

Anhang

Interessenten sächsischer Landesgeschichte seien auf die Arbeiten des Historikers Karlheinz Blaschke hingewiesen, der maßgeblich an der neuen sächsischen Geschichtsschreibung beteiligt ist. Seine »Geschichte Sachsens im Mittelalter« ist 1990 im Union Verlag Berlin erschienen. Eine Publikation von Karlheinz Blaschke über den »Fürstenzug« in Dresden ist im Urania Verlag in Vorbereitung.

Zur Industriegeschichte Sachsens liegt als Standardwerk vor: Rudolf Forberger, Die Industrielle Revolution in Sachsen 1800—1861. Berlin: Akademie-Verlag 1982.

Von den älteren Darstellungen der sächsischen Geschichte sei als hervorragendes Werk genannt: Rudolf Kötschke/Hellmut Kretzschmar, Sächsische Geschichte. Neu aufgelegt 1965 im Verlag Wolfgang Weidlich, Frankfurt am Main.

Im Auftrag der Historischen Kommission der Sächsischen Akademie der Wissenschaften zu Leipzig erschien 1989 eine »Geschichte Sachsens«, herausgegeben von Karl Czok, bei Hermann Böhlaus Nachfolger, Weimar.

Von Albert Prinz von Sachsen, Herzog zu Sachsen, kam 1989 im St. Otto-Verlag Bamberg »Die Albertinischen Wettiner. Geschichte des Sächsischen Königshauses 1763—1932« heraus.

Regententafel

Seit 1089 Markgrafen von Meißen, seit 1247 auch Landgrafen von Thüringen, seit 1423/1425 Kurfürsten und Herzöge von Sachsen

Name	Lebenszeit	Regierungszeit	verheiratet mit	Kinder (außer frühverstorbenen)
Heinrich I. von Eilenburg	um 1070 bis 1103	1089 – 1103	Gertrud, Tochter Egberts I. von Braunschweig	Heinrich II. von Eilenburg
Heinrich II. von Eilenburg	1103 – 1123	1103 – 1123 (bis 1117 die Mutter)	Adelheid, Tochter Udos III. von der Nordmark	
Konrad von Wettin, der Große	1098 (?) – 1157	1123 – 1156	Luitgard, Tochter eines Grafen Albert im Schwabengau	12 Kinder; Otto der Reiche; Oda, Bertha (beide Äbtissinnen in Gerbstädt); Dietrich von der Lausitz; Gertrud; Adele; Dedo von Groitzsch und Rochlitz; Sophie; Heinrich von Wettin; Agnes (Äbtissin in Quedlinburg); Friedrich von Brehna
Otto der Reiche	1125 (?) – 1190	1156 – 1190	Hedwig, Tochter des Markgrafen Albrecht des Bären von Brandenburg	Albrecht; Dietrich; Sophie
Albrecht der Stolze	1158 (?) – 1195	1190 – 1195	Sophie, Tochter Herzog Friedrichs in Böhmen	Christine

Dietrich der Bedrängte	1162 (?) – 1221	1198 – 1221	Jutta, Tochter des Landgrafen Hermann I. von Thüringen	Dietrich (Bischof von Naumburg); Heinrich (Domprobst in Meißen; Heinrich; Sophie
Heinrich der Erlauchte	um 1215/16 bis 1288	1221 – 1288 (bis 1227 Ludwig IV. von Thüringen)	I. Constantia, Tochter Herzog Leopolds VII. von Österreich II. Agnes, Tochter König Wenzels I. von Böhmen, Schwester König Ottokars II. III. Elisabeth von Maltitz, Tochter eines Ministerialen	I. Albrecht; Dietrich von Landsberg; Hedwig, Adelheid (beide Nonnen in Weißenfels) III. Friedrich von Dresden (der Kleine, der Jüngere); Hermann der Lange
Albrecht der Entartete	1240 – 1315	1265 – 1291 Landgraf von Thüringen, 1288 – 1289 Markgraf	I. Margaretha, Tochter Kaiser Friedrichs II. II. Kunigunde, Tochter des landgräflichen Vasallen Otto von Eisenberg III. Elisabeth, Tochter Hermanns III. von Orlamünde, Wittwe Ottos von Lobdeburg-Arnshaugk	I. Heinrich; Friedrich I.; Diezmann; Agnes; Elisabeth II. Apitz
Dietrich der Weise, der Fette	1242 – 1286	bis 1285 Lausitz, Markgraf von Landsberg	Helene, Tochter Johanns I. von Brandenburg, Schwester Ottos IV. und Konrads I.	Friedrich Tuta; Helene; Sophie, Gertrud (Nonnen in Weißenfels); Brigitta

Name	Lebenszeit	Regierungszeit	verheiratet mit	Kinder
Friedrich Tuta	1269 – 1291	1285 – 1291 Lausitz, seit 1288/91 auch Mark Meißen	Katharina, Tochter Heinrichs XIII. von Nieder-Bayern	Elisabeth
Friedrich I., der Freidige, der Gebissene	1257 – 1323	1291 – 1323 Thüringen, ab 1307 Meißen	I. Agnes, Tochter Meinhards III. von Görz und Tirol II. Elisabeth von Arnshaugk	Friedrich der Lahme oder der Hinkende; Elisabeth; Friedrich II.
Friedrich II., der Ernsthafte	1310 – 1349	1323 – 1349 (vormundschaftl. bis 1329 Heinrich II. Reuß)	Mathilde, Tochter Kaiser Ludwigs (von Bayern)	Friedrich; Friedrich III.; Elisabeth (Mutter des ersten Hohenzollern); Beatrix (Äbtissin in Seußlitz); Balthasar; Ludwig (Bischof von Halberstadt, Bamberg, Erzbischof von Magdeburg); Wilhelm I.; Klara; Anna (Äbtissin in Seußlitz)
Friedrich III., der Strenge	1332 – 1381	1349 – 1381 Osterland 1379 bis 1381	Katharina, Tochter Heinrichs XII. von Henneberg	Friedrich; Katharina; Friedrich IV.; Wilhelm II.; Georg
Balthasar	1336 – 1406	1349/1379 bis 1406 Thüringen	I. Margaretha, Tochter des Burggrafen Albrecht von Nürnberg II. Anna, Tochter des Herzogs Wenzel von Sachsen-Witten-berg	I. Anna; Friedrich der Friedfertige

Wilhelm I., der Einäugige	1343 – 1407	1349/1379 bis 1407 Meißen	I. Elisabeth, Tochter Johann Heinrichs von Mähren II. Anna, Tochter Ottos von Braunschweig	
Friedrich IV., (I.) der Streitbare	1370 – 1428	1381 – 1428 Osterland, seit 1407 Meißen 1/2 seit 1423 Kursachsen (bis 1397 die Mutter)	Katharina, Tochter Heinrichs des Milden von Braunschweig-Lüneburg	Friedrich V.; Sigismund (1440 Bischof von Würzburg); Anna; Katharina; Heinrich; Wilhelm III.
Wilhelm II., der Reiche	1371 – 1425	1381 – 1425	unverheiratet	
Friedrich der Friedfertige	1385 – 1440	1406 – 1440 Thüringen, seit 1407 Meißen 1/2	Anna, Tochter Günthers XXX. von Schwarzburg-Arnstadt-Sondershausen	
Friedrich V., (II.) der Sanftmütige	1412 – 1464	1428 – 1464 Kursachsen	Margaretha, Tochter Ernst des Eisernen von Österreich	Amalie; Anna; Hedwig (Äbtissin von Quedlinburg); Margaretha (Äbtissin zu Seußlitz); Ernst; Albrecht der Beherzte; Alexander

Name	Lebenszeit	Regierungszeit	verheiratet mit	Kinder
Wilhelm III., der Tapfere	1425 – 1482	1445 – 1482 Thüringen, Osterland 1/2	I. Anna, Tochter Kaiser Albrechts II. II. Katharina, Tochter Eberhards von Brandenstein, Witwe eines Herrn von Heßberg	I. Margaretha; Katharina
Ernst	1441 – 1486	1464 – 1486 Kursachsen, Meißen, Osterland 1/2 1482 dazu Thüringen, Osterland 1/2, 1485 – 1486 Kursachsen, Thüringen	Elisabeth, Tochter Albrechts III. von Bayern	Christine; Friedrich der Weise; Albrecht (1482 Erzbischof von Mainz); Ernst (1476 Erzbischof von Magdeburg); Johann der Beständige; Margaretha
Albrecht, der Beherzte	1443 – 1500	1464 – 1485 mit Ernst Kursachsen 1485 – 1500 Meißen (Herzogtum Sachsen)	Sidonia (Zedena), Tochter König Georg Podjebrads von Böhmen	Katharina; Georg der Bärtige; Friedrich; Heinrich der Fromme

Leipziger Teilung (Hauptteilung) 1485 zwischen Ernst und Albrecht.

Ernestinische Kurlinie nach Ernst bis zum Verlust der Kurwürde an die Albertiner 1547

Friedrich III., der Weise	1463 – 1525	1486 – 1525	unverheiratet	
Johann der Beständige	1468 – 1532	1486 – 1532 bis 1525 mit Friedrich dem Weisen	I. Sophie, Tochter Magnus II. von Mecklenburg II. Margaretha, Tochter Waldemars IV. von Anhalt	I. Johann Friedrich der Großmütige II. Johann Ernst
Johann Friedrich der Großmütige	1503 – 1554	1532/1547 bis 1554	Sibylla, Tochter Johanns III. von Jülich-Cleve-Berg	Johann Friedrich II. der Mittlere; Johann Wilhelm; Johann Friedrich III. der Jüngere
Albertinische herzogliche Linie nach Albrecht, seit 1547 kurfürstliche und seit 1806 königliche Linie				
Georg der Bärtige	1471 – 1539	1500 – 1539	Barbara, Tochter König Kasimirs IV. von Polen	Johann; Friedrich; Christina; Magdalena; Margaretha
Heinrich der Fromme	1473 – 1541	1539 – 1541	Katharina, Tochter Magnus II. von Mecklenburg	Sibylla; Emilie; Sidonie; Moritz; August
Moritz	1521 – 1553	1541 – 1553	Agnes, Tochter Philipps I. von Hessen	Anna (Mutter des Helden Moritz von Oranien)

Name	Lebenszeit	Regierungszeit	verheiratet mit	Kinder
August (Vater August)	1526 – 1586	1553 – 1586	I. Anna, Tochter König Christians III. von Dänemark II. Agnes Hedwig, Tochter Joachim Ernsts von Anhalt	I. (15 Kinder: 9 Söhne und 6 Töchter); Elisabeth; Alexander; Christian I.; Dorothea; Anna
Christian I.	1560 – 1591	1586 – 1591	Sophie, Tochter Johann Georgs von Brandenburg	Christian II.; Johann Georg I.; Sophie; August (Administrator vom Stift Naumburg); Dorothea (Äbtissin von Quedlinburg)
Christian II.	1583 – 1611	1591 – 1611 (bis 1601 vormundschaftlich Friedrich Wilhelm I. von Weimar	Hedwig, Tochter Friedrichs II. von Dänemark	
Johann Georg I.	1585 – 1656	1611 – 1656	I. Sibylle Elise, Tochter Friedrichs I. von Würtemberg II. Magdalene Sibylle, Tochter Albrecht Friedrichs von Preußen	II. Sophie Eleonore; Marie Elise; Johann Georg II.; August; Christian; Magdalene Sibylle; Moritz
Johann Georg II.	1613 – 1680	1656 – 1680	Magdalene Sibylle, Tochter Christians von Brandenburg-Bayreuth	Marie-Sybille; Erdmuthe Sophie; Johann Georg III.

Johann Georg III.	1647 – 1691	1680 – 1691	Anna Sophie, Tochter Friedrichs III. von Dänemark	Johann Georg IV.; Friedrich August I.
Johann Georg IV.	1668 – 1694	1691 – 1694	Eleonore Erdmuthe, Tochter Johann Georgs I. von Sachsen-Eisenach	
Friedrich August I., der Starke, als König von Polen August II.	1670 – 1733	1694 – 1733 König von Polen: 1697 – 1704, 1709 – 1733	Christine Eberhardine, Tochter Christian Ernsts von Brandenburg-Bayreuth	Friedrich August II.
Friedrich August II., als König von Polen August III.	1696 – 1763	1733 – 1763 König von Polen: 1733/1734 bis 1763	Maria Josepha, Tochter Kaiser Josephs I.	Friedrich; Joseph; Friedrich Christian; Maria Amalia; Maria Anna; Franz Xaver; Maria Josepha; Karl; Maria Christina; Maria Elisa; Albert Kasimir; Clemens Wenzel; Kunigunde
Friedrich Christian	1722 – 1763	5. Oktober bis 17. Dezember 1763	Maria Antonia Walpurgis, Tochter Karl Albrechts von Bayern (als Kaiser: Karl VII.)	Friedrich August der Gerechte; Karl Maximilian; Joseph; Anton; Maria Amalia; Maximilian (Vater der folgenden Könige Friedrich August II. und Johann); Maria Anna

Name	Lebenszeit	Regierungszeit	verheiratet mit	Kinder
Friedrich August III., als König von Sachsen Friedrich August I., der Gerechte	1750 – 1827	1763 – 1827 bis 1768 Prinz Franz Xaver als Administrator, seit 1806 König von Sachsen	Maria Amalia, Tochter Friedrichs von Pfalz-Zweibrücken	Augusta
Anton der Gütige	1755 – 1836	1827 – 1836	I. Maria Karolina, Tochter des Königs Viktor Amadeus von Sardinien II. Maria Theresia, Tochter Kaiser Leopolds II.	(4 Kinder starben in frühester Jugend)
Friedrich August II.	1797 – 1854	1836 – 1854 seit 1830 Mitregent	I. Karolina, Tochter Kaiser Franz I. von Österreich II. Maria, Tochter Maximilians I. von Bayern	
Johann der Wahrhaftige	1801 – 1873	1854 – 1873	Amalia, Tochter Maximilians I. von Bayern	Maria; Friedrich August Albert; Maria Elisabeth; Ernst; Georg; Sidonia; Anna; Margaretha; Sophia

Albert	1828 – 1902	1873 – 1902	Karolina, Tochter des Prinzen Gustav von Wasa	Alberts Ehe blieb kinderlos. Kinder des Prinzen Georg: Mathilde; Friedrich August; Maria Josepha; Johann Georg; Max; Albert
Georg	1832 – 1904	1902 – 1904	Maria Anna, Infantin von Portugal	Friedrich August; Johann Georg; Max; Albert; Mathilde; Maria; Josepha
Friedrich August III.	1865 – 1932	1904 – 1918	Luise von Toscana	Georg; Friedrich Christian; Ernst Heinrich; Margarete; Maria Alix; Anna

Regentenübersicht

Heinrich I.
von Eilenburg
1089 – 1103
Markgraf von Meißen
|
Heinrich II.
von Eilenburg
1103/1117 – 1123
Markgraf
|
Konrad von Wettin
1123– 1156 Markgraf
|
Otto der Reiche
1156 – 1190 Markgraf
|
Albrecht der Stolze
1190 – 1195 Markgraf
|
Dietrich der Bedrängte
1198 – 1221 Markgraf
|

Heinrich der Erlauchte
1221/1230 – 1288
Markgraf

Albrecht der Entartete 1288 – 1289 Markgraf	Dietrich Markgraf von Landsberg
Friedrich I., der Freidige 1307 – 1323 Markgraf	Friedrich Tuta 1288 – 1291 Markgraf
Friedrich II., der Ernsthafte 1323 – 1349 Markgraf	
Friedrich III., der Strenge 1349 – 1381 Markgraf 1368 – 1379 gemeinsame Herrschaft	
Friedrich IV. (I.), der Streitbare 1381 – 1423 Markgraf 1423 – 1428 Kurfürst von Sachsen	

Friedrich II.,
der Sanftmütige
1428 – 1464 Kurfürst

Ernst
1464 – 1486 Kurfürst
1464 – 1485 gemeinsame
Herrschaft

Ernestiner

Albrecht der Beherzte
1464 – 1500 Herzog
von Sachsen
1464 – 1485 gemeinsame
Herrschaft
Albertiner

Georg
1500 – 1539 Herzog

Heinrich der Fromme
1539 – 1541 Herzog

Moritz
1541 – 1547 Herzog
1547 – 1553 Kurfürst

August
1553 – 1586 Kurfürst

Christian I.
1586 – 1591 Kurfürst

Christian II.
1591/1601 – 1611
Kurfürst

Johann Georg I.
1611 – 1656 Kurfürst

Johann Georg II.
1656 – 1680 Kurfürst

Johann Georg III.
1680 – 1691 Kurfürst

Johann Georg IV.
1691 – 1694 Kurfürst

Friedrich August I.,
der Starke
1694 – 1733 Kurfürst
1697 – 1733 als August II.
König von Polen

Friedrich August II.
1733 – 1763 Kurfürst
1733/1734 – 1763 als
August III. König von
Polen

Friedrich Christian
1763 Kurfürst

[Xaver]
1763 – 1768
Administrator

Friedrich August III. (I.)
1763/1768 – 1806
Kurfürst
1806 – 1827
König von Sachsen

Anton
1827 – 1836 König

[Maximilian]

Friedrich August II.
1830 – 1836 Mitregent
1836 – 1854 König

Johann
1854 – 1873 König

Albert
1873 – 1902 König

Georg
1902 – 1904 König

Friedrich Auugust III.
1904 – 1918 König

Quellennachweis
für Regententafel und Regentenübersicht

Der Regentenübersicht liegt die Darstellung von Norbert Oelsner und Henning Prinz zugrunde in »Das Dresdner Schloß: Monument sächsischer Geschichte und Kultur«, Herausgeber: Staatliche Kunstsammlungen Dresden, Dresden 1989. Die Regententafel folgt weitgehend der Regententafel I in »Die 800jährige Wettiner-Jubelfeier. Juni 1989. Festschrift«, im Auftrage des Festausschusses herausgegeben vom Preßausschuß, Dresden.

Personenregister

Bildnachweis

Abb. 1, 2, 3, 5, 24 Sächsische Landesbibliothek, Abt. Deutsche Fotothek (1, 3 und 5 Richter, 2 Paetzoldt, 24 Möbius) – mit Genehmigung der Albrechtsburg Meißen 1 und 3, des Kupferstichkabinetts Dresden, 2, der Skulpturensammlung Dresden 5, des Armeemuseums Dresden 24

Abb. 4, 6, 7, 8, 9, 10, 11, 12, 13, 14, 15, 16, 17, 18, 19, 20, 21, 22, 23 aus: Fürsten-Bildnisse aus dem Hause Wettin. Herausgegeben vom Königlich Sächsischen Altertumsverein. Bearbeitet von Jean Louis Sponsel, Dresden 1906, mit freundlicher Genehmigung der Staatlichen Kunstsammlungen Dresden, Zentrale Kunstbibliothek, Repros: Herbert Boswank, Dresden

Abbildungen auf dem Umschlag:
1 Sächsische Landesbibliothek, Abt. Deutsche Fotothek, mit Genehmigung des Münzkabinetts Dresden.
2 Sächsische Landesbibliothek, Abt. Deutsche Fotothek
3, 4 aus: Der Fürstenzug zu Dresden, Herausgeber DRESDEN INFORMATION, Gesamtbearbeitung DEWAG Dresden, Foto: Andreas Meschke,
5 Herbert Boswank, mit Genehmigung der Sächsischen Landesbibliothek